Pour en finir
avec les conflits d'intérêts

DU MÊME AUTEUR

Les enjeux de la protection sociale, LGDJ Montchrestien, 1994

L'affolante histoire de la vache folle, en coll., Balland, 1996

Ces peurs qui nous gouvernent, Albin Michel, 2002

Manifeste contre la pauvreté, en coll. avec Jérôme Cordelier, Oh! éditions, 2004

La nouvelle équation sociale (commission familles, vulnérabilité, pauvreté), La Documentation française, 2005

La pauvreté en héritage, en coll. avec Sylvaine Villeneuve, Robert Laffont, 2006

Code des droits contre l'exclusion, sous la dir. de Martin Hirsch et Denis Chemla, Dalloz, 2006

50 droits contre l'exclusion, avec l'Agence nouvelle des solidarités actives, Dalloz, 2008

La chômarde et le haut commissaire, avec Gwenn Rosière, Oh! éditions, 2008

50 droits des ados, en coll. avec Ivana Djordjevic, Dalloz, 2010

Secrets de fabrication, Grasset, 2010

Martin Hirsch

Pour en finir

avec les conflits d'intérêts

Stock

Parti pris

ISBN 978-2-234-06937-4

En souvenir d'Anne-Marie Casteret, qui a consacré une partie de sa vie à éclaircir les conflits d'intérêts les plus dramatiques.

À tous les députés et sénateurs de droite comme de gauche qui voteront une loi de prévention des conflits d'intérêts.

« Sur cette question des conflits d'intérêts, j'ai entendu qu'il y avait des propositions des uns et des autres et je suis très attentif à ces propositions. Je demanderai à une commission représentant toutes les familles politiques de réfléchir dès la semaine prochaine à la façon dont on doit ou non compléter ou modifier la loi pour éviter dans l'avenir toute forme qui pourrait intervenir de conflit d'intérêts. Je précise que ça ne concernera pas que les ministres, cela doit concerner aussi les parlementaires, et pourquoi pas, telle ou telle personne qui exerce une responsabilité. »

Nicolas Sarkozy, président de la République, 12 juillet 2010, lors d'une intervention télévisée sur France 2

« Il est normal que les ministres veillent sur leur fortune en même temps que sur celle de l'État. »

Cardinal de Richelieu, ancien ministre

Quiz

Testez vos connaissances
sur les conflits d'intérêts

Ce livre a un unique objet : Convaincre qu'il est temps de mettre en place une politique résolue de prévention des conflits d'intérêts dans notre pays. Pour cela, plaider qu'il y aurait un risque pour la démocratie à ne pas agir. Démontrer que les quelques secousses qui ont émaillé la période récente ne sont probablement que les symptômes d'une confusion plus profonde. Et pour entrer dans le vif du sujet, il nous a semblé utile de commencer par un petit quiz.

1) Un député ne peut pas, pendant son mandat :
a. Être avocat d'affaires
b. Être nommé enseignant contractuel en droit dans une université

c. Rester patron d'une holding dont les filiales travaillent pour l'État

Réponse : b. Un député peut exercer la profession d'avocat d'affaires, sans restriction particulière (certains le font, parmi les plus éminents). Il ne peut pas diriger une entreprise dont l'activité dépend des commandes d'État, mais le Conseil constitutionnel a jugé à deux reprises que cette interdiction ne concernait pas la direction d'une holding dont les filiales travaillent pour l'État (la plus récente décision DC 2009-27 I concerne Serge Dassault). En revanche, le Conseil constitutionnel a jugé que des députés ne pouvaient être nommés professeur associé dans une université (décision DC 2008 24/25/26).

2) Dans quelles catastrophes sanitaires ont été révélés des conflits d'intérêts ?
a. Le sang contaminé
b. L'amiante
c. L'hormone de croissance
d. La tempête Xynthia

Réponse : a, b, c et d. C'est un volet essentiel de la question des conflits d'intérêts, plus dramatique et moins glamour que les histoires de milliardaires.

3) Dans quel pays un banquier d'affaires ne peut pas siéger au conseil d'administration d'une entreprise cotée qui peut avoir à faire appel à cette banque d'affaires ?
a. Aux États-Unis
b. En Grande-Bretagne
c. En France

Réponse : a et b. La France se caractérise par la fréquence des cumuls de mandats d'administrateurs. Un banquier d'affaires peut siéger dans le conseil d'administration d'une entreprise, qui est ou deviendra une importante cliente de sa banque. Cette situation de conflit d'intérêts n'est en revanche pas envisageable dans les pays anglo-saxons.

4) Vrai ou Faux ? En France, un député peut être payé comme conseil d'une entreprise privée, à condition que cette activité soit rendue publique et dans des conditions qui lui interdisent de participer à tout débat parlementaire qui pourrait concerner cette entreprise.

Réponse : Faux. Un député qui travaille comme conseil d'une entreprise doit le déclarer au bureau de l'Assemblée nationale, mais cette information n'est pas rendue publique et rien n'est prévu pour lui interdire de déposer des amendements qui peuvent favoriser l'entreprise qu'il conseille. Au Canada, par exemple, une telle situation est expressément interdite.

5) Dans quel pays un juge, pourtant réputé intransigeant, s'est vu reprocher d'être trop tendre avec un grand groupe financier qui l'avait rémunéré pour faire une tournée de conférences aux États-Unis?

Réponse : En Espagne. Le juge Baltasar Garzon est accusé d'avoir classé une plainte de justice contre Emilio Botin, le puissant patron de la banque Santander. Peu avant, cette même banque lui avait versé 224 440 euros pour un cycle de conférences qu'il avait données aux États-Unis en 2005 et 2006[1]. En France, Éric de Montgolfier raconte avoir refusé le gros lot (un voyage en Corse pour deux personnes) gagné dans une tombola, lorsqu'il était en poste à Nice, trouvant suspect d'être l'heureux gagnant.

6) Existe-t-il un pays où un membre de la cour suprême peut avoir son loyer pris en charge par un homme d'affaires étranger?

---

1. Fait rappelé par *Le Point*, 19 août 2010, n° 1979.

Réponse : En France.

7) Comment, jusqu'au milieu des années 1990, les ministres des PTT arrondissaient leurs fins de mois ?

Réponse : Vous découvrirez dans cet ouvrage une étrange tradition, selon laquelle la Poste attribuait des timbres d'une valeur de plusieurs dizaines de milliers d'euros chaque année à son ministre de tutelle et à quelques autres responsables publics, très haut placés.

8) Dans quel pays les parlementaires sont obligés de déclarer les cadeaux qu'ils reçoivent lorsqu'ils dépassent un certain montant ? Au Royaume-Uni ou en France ?

Réponse : Au Royaume-Uni. Cela fait partie de la politique de prévention des conflits d'intérêts. On a cependant vu récemment que cela n'empêchait pas les honorables membres du Parlement de faire passer des dépenses très personnelles en notes de frais pour des montants non négligeables. Comme quoi, dans ce domaine, une législation n'est jamais parfaite et doit être régulièrement remise à jour, en fonction des pratiques constatées.

9) Parmi les catégories suivantes, lesquelles sont obligées de déclarer publiquement des intérêts qui peuvent entrer en conflit avec les responsabilités qu'elles exercent ?

a. Les ministres

b. Les membres du Parlement

c. Les fonctionnaires qui contrôlent les entreprises ou attribuent des marchés

d. Les élus qui délivrent des permis de construire

e. Les experts qui conseillent les autorités sanitaires

Réponse : e. Seuls les experts du domaine sanitaire sont obligés par la loi de déclarer leurs liens financiers avec des entreprises, dans une déclaration rendue publique. Comme s'ils étaient les seuls à pouvoir connaître des conflits d'intérêts…

10) La commission pour la transparence financière de la vie politique est chargée de surveiller que les responsables politiques ne s'enrichissent pas anormalement pendant leur mandat en surveillant leur patrimoine.

a. Elle a accès aux revenus des responsables politiques, pour pouvoir juger de la cohérence avec l'évolution de leur patrimoine

b. Elle a demandé à avoir accès à ces données, et cela a été accepté

c. Elle demande depuis dix ans que la loi prévoie la transmission des revenus des responsables politiques, mais cette demande n'a jamais été satisfaite malgré un rappel dans chaque rapport d'activité de la commission

Réponse : c. Dans son dernier rapport, la commission réitère une demande formulée à plusieurs reprises, que la loi lui donne accès aux revenus et aux déclarations faites auprès des services fiscaux, pour lui permettre d'exercer correctement son contrôle. Cette demande n'a jamais été satisfaite. Dans ce rapport, la commission rappelle par ailleurs que, « si la commission appliquait strictement la sanction d'inéligibilité d'un an en cas de non-dépôt dans les délais légaux de la déclaration de patrimoine, l'inéligibilité devrait ainsi s'appliquer à 30 % des élus locaux assujettis à cette déclaration[1] ».

Si vous avez dix bonnes réponses, bravo. Vous devez être déjà convaincu de l'importance d'améliorer la prévention des conflits d'intérêts. Si vous

---

1. Quatorzième rapport de la commission pour la transparence financière de la vie politique, *Journal officiel* de la République française du 1er décembre 2009.

avez moins de dix bonnes réponses, ce livre devrait vous donner l'occasion de vous mettre à jour sur cette question délicate. Dans tous les cas, bonne lecture !

I

À LA BONNE ÉCOLE DE LA PRÉVENTION DES CONFLITS D'INTÉRÊTS

En ce mois de juillet 1975, nous avons repeint tous les murs de la maison de Pontoise. Mon père a passé quinze jours avec pinceaux, pots de peinture et escabeau. Et tous les enfants ont été réquisitionnés. Il fallait remettre la maison en état pour pouvoir récupérer la caution. Dix ans auparavant, mon père, jeune ingénieur des Ponts et Chaussées, avait été chargé d'une mission un peu particulière, construire une ville nouvelle, au cœur du Vexin, dans la boucle de l'Oise. Il y avait une vieille ville, Pontoise, dans laquelle Catherine de Médicis avait séjourné en 1561. Il y avait des petits villages : Cergy, Jouy-le-Moutier, Vauréal, Osny, Éragny. Il y avait surtout beaucoup de champs de betteraves, de terrains maraîchers, d'agriculteurs et une ville à construire au milieu des champs. La commande était simple : faire jaillir une ville de 200 000 habitants, comme sur quatre autres sites de la région parisienne, pour aménager cette région en pleine croissance, et ne pas reconstituer les «cités dortoirs» des années 1950, avec leurs immenses barres d'immeubles, sans commerce, sans entreprise, sans loisir, sans emploi.

Mon père avait d'emblée considéré qu'il devait lui-même s'installer au cœur de la future ville nouvelle. Comment convaincre les habitants de quitter Paris pour aller habiter à trente-cinq kilomètres, si lui-même, le responsable de ce projet, ne donnait pas l'exemple? Il n'était pas question de faire autrement. Mais il exclut aussi tout de suite l'hypothèse d'acheter un terrain ou une maison et de devenir propriétaire. Pourquoi? À cause d'un raisonnement simple. Les terrains et les maisons étaient alors bon marché. La population était peu nombreuse, la zone était très mal desservie. Construire la ville nouvelle, cela voulait dire densifier la zone, apporter des équipements nouveaux, organiser sa desserte par des transports en commun. Bref, terrains et maisons allaient prendre de la valeur. Mon père ne voulait pas se trouver dans une situation où son travail de fonctionnaire aurait comme conséquence d'accroître la valeur de ses biens.

Il ne concevait pas de se retrouver dans une telle situation de conflit d'intérêts.

Conflit d'intérêts ou confusion d'intérêts. Pour l'éviter, il a donc loué une maison et payé un loyer pendant dix ans. Quand il a été limogé, il a fallu déménager. Et espérer récupérer la caution. D'où le rafraîchissement des murs. Le propriétaire était de mauvaise foi et mes parents n'ont jamais récupéré la caution, malgré l'huile de coude que nous avions consacrée à la remise en état. Mes parents n'étaient pas plus riches que dix ans auparavant. Ils n'avaient pas de maison à revendre à prix d'or. La caution était perdue. Mais l'honneur était sauf et, en plus, la ville nouvelle semblait sur de bons rails...

J'ai souvent pensé à cela, en devenant haut fonctionnaire. Ce choix, que rien n'imposait. Cette discipline naturelle. Ce souci d'éviter tout enrichissement sans cause.

Vingt ans plus tard, j'ai été nommé directeur de la Pharmacie centrale des hôpitaux. En accédant à ce poste, je suis devenu responsable des achats de médicaments pour l'ensemble de l'Assistance publique. Le plus gros acheteur de médicaments d'Europe. Il se trouve que l'un de mes oncles était, quant à lui, directeur d'un établissement public, le Laboratoire français du fractionnement et des biotechnologies, l'organisme public chargé de fabriquer et distribuer ce qu'on appelle les médicaments dérivés du sang, c'est-à-dire fabriqués à partir de la collecte des produits sanguins. Immuno-globulines, facteurs de coagulation, concentrés de pla-quette. La première chose que j'ai faite est de prévenir le directeur général de l'Assistance publique dont je dépendais pour lui faire part de cette situation et lui indiquer que, par conséquent, je ne pourrais m'occu-per des marchés concernant ces produits. Je ne voulais pas que sur un marché public il y ait comme nom du vendeur, mon oncle et comme nom de l'acheteur, son neveu. J'indiquais ce qu'il en était à mes collaborateurs, et je laissais le directeur général de l'Assistance publique signer les marchés correspondant, sans m'en occuper. Le laboratoire pouvait être en concurrence avec d'autres laboratoires et je ne voulais pas qu'on puisse imaginer que ce lien familial dicte les choix que j'aurais à faire pour la collectivité. Aucune loi ne m'aurait interdit de le faire, mais il me semblait qu'il s'agissait d'une situation de conflits d'intérêts potentiels qui appelait une mesure de prévention.

Je ne sais pas si j'aurais eu ce réflexe si je n'avais pas en mémoire l'épisode de la maison de Pontoise et le souvenir de cette peinture à refaire. Je me suis retrouvé, par la suite, dans de nombreuses situations où il m'a fallu éviter d'être en position de conflit d'in-térêts ou, surtout, organiser la prévention des conflits d'intérêts dans le domaine sanitaire. Pas une seule fois je n'ai eu le moindre enseignement, la moindre séance sur les conflits d'intérêts. Je n'en ai pas entendu parler à l'École nationale d'administration. Aucune des personnes qui m'ont nommé ne m'a parlé de cette notion. Jamais, en prenant un poste, je n'ai dû déclarer d'éventuels conflits d'intérêts ou signer le moindre document demandant de faire une telle déclaration ou informant sur ce qu'étaient les conflits d'intérêts.

J'ai surtout été confronté à la question en étant chargé, comme jeune membre du Conseil d'État, de rédiger les textes réformant la transfusion sanguine après le drame du sang contaminé. Puis en devant faire le ménage en dirigeant l'établissement qui achetait les médicaments pour le compte des Hôpitaux de Paris. J'ai dû traiter la question des conflits d'intérêts, en organisant l'expertise, comme responsable de la sécurité sanitaire des aliments.

Dans le domaine de l'expertise, il existe désormais un corpus de règles qui permet d'éviter les conflits d'intérêts. Pourquoi ne s'appliquerait-il pas aux décideurs, qu'ils soient ministres, élus, hauts fonctionnaires ou responsables d'entreprises ?

II

UNE ACTUALITÉ BRÛLANTE

A priori rien de commun entre l'organisation de la filière nucléaire, la lutte contre la pandémie grippale, la réforme des retraites et les inondations sur la côte atlantique. Et pourtant! Un lien entre ces quatre faits marquants de l'actualité récente : la perturbation par des suspicions de « conflits d'intérêts ».

Conflit d'intérêts : l'expression de l'année 2010 ? Les termes semblent abscons, techniques, mais ils soulèvent des questions concrètes. Henri Proglio peut-il être rémunéré à la fois par EDF et Veolia quand ces deux entreprises sont tantôt concurrentes, tantôt susceptibles de s'échanger des filiales ou de monter des projets communs ? Les experts qui ont recommandé, au niveau mondial, la vaccination massive contre le virus de la grippe A ont-ils pu faire abstraction des liens financiers que certains d'entre eux entretenaient avec les laboratoires pharmaceutiques, fabricants de vaccins? Le ministre du Budget, responsable de la lutte contre la fraude fiscale et de la réglementation des impôts, peut-il exercer ses responsabilités sans interférence quand son épouse travaille à la gestion d'une des toutes premières fortunes de France, susceptible d'être en délicatesse avec le Fisc et quand il est trésorier d'un parti politique? Et Xynthia?

Dans la nuit du 16 février 2010, la côte de la Vendée et de la Charente-Maritime est balayée par une tempête spectaculaire. Les digues ont été débordées par des paquets de mer de plus de six mètres. À La Rochelle, les bateaux ont quitté le port pour se retrouver encastrés sur les quais. Des centaines de maisons sont submergées. Malgré une mobilisation précoce et efficace des secours, on déplore une cinquantaine de morts. Le niveau de l'eau a atteint les étages, les toits. Certaines personnes mourront noyées chez elles. C'est l'une des catastrophes naturelles qui a fait le plus de victimes ces dernières décennies en France.

On découvre les conséquences de l'urbanisation du littoral. On en connaissait l'aspect inesthétique. On en mesurait moins les dangers. Beaucoup de maisons, principalement des résidences secondaires, ont été construites sur des zones connues comme inondables. Pendant des siècles, les terrains n'avaient été utilisés que comme des pâturages. Les historiens montrent que, depuis l'époque romaine, on connaissait et on redoutait les inondations. Certains experts avaient, ces dernières années, tiré la sonnette d'alarme. Mais la pression économique était forte. Cette côte est convoitée. Les demandes de permis de construire sont nombreuses. Des rapports d'ingénieurs ont bien attiré l'attention sur les risques encourus, mais ils n'ont pas été concrétisés dans un plan de prévention des risques qui aurait dû s'imposer aux documents d'urbanisme. L'État semble avoir timidement tenté de faire entendre sa voix. Mais depuis la décentralisation, ce sont les maires qui délivrent les permis de construire. Construire, c'est attirer des résidents secondaires, c'est faire tourner l'économie, c'est permettre le développement de la zone touristique. Alors, on construit. On fait confiance aux digues. On néglige le danger.

On se retrouve en situation de conflit d'intérêts institutionnels. Entre la sécurité et le développement, entre la précaution et l'économie. On privilégie le développement de l'économie locale en faisant l'impasse sur les risques. Derrière cette question classique se cachent des conflits d'intérêts plus personnels. Au moins dans un cas, une élue en charge de l'urbanisme a délivré des permis de construire dont a bénéficié son fils, promoteur immobilier, pour lui permettre de lotir. Cette élue disposait elle-même de parts dans la société immobilière qui fera fructifier quelques terrains constructibles. Certes, lors de l'une des délibérations du conseil municipal, elle n'a pas pris part au vote. Il lui a été demandé de sortir. Mais ensuite, c'est elle qui a signé les permis de construire[1].

Figurent ici tous les faits constitutifs du conflit d'intérêts. Conflit d'intérêts général. Comment un maire peut-il concilier l'aspiration à un développement économique et son rôle de régulateur des permis de construire ? Comment peut-il à la fois appuyer sur l'accélérateur et sur le frein ? En vertu de quoi peut-il faire les dosages ? Problèmes qui peuvent conduire à penser que, dans certains cas, au lieu de mettre les élus dans des situations impossibles, il serait nécessaire qu'une autre autorité se voie conférer la compétence de délivrance des permis de construire. Ainsi, on pourrait imaginer que, dans des zones où il existe des risques, les responsabilités d'urbanisme soient confiées à l'État ou que l'État dispose d'un véritable pouvoir de veto, à l'abri des pressions. Et la prévention des conflits aurait dû conduire à ne pas accorder à la mère d'un promoteur immobilier local la délégation de l'urbanisme !

Xynthia, Henri Proglio, affaire Bettencourt, grippe A : Voilà donc quatre événements qui ont rythmé

---

1. Voir les articles de Tonino Sérafini dans *Libération*.

l'actualité du premier semestre 2010, a priori indépendants, mais reliés par le fil rouge des conflits d'intérêts. D'un concept abstrait pour juristes férus de
droit comparé, le conflit d'intérêts devient un objet
croustillant pour journalistes amateurs de scandales
et provoque un abîme de perplexité pour tous ceux
qui recherchent la clarté.

La notion de conflit d'intérêts est d'origine anglo-
saxonne. Elle est peu connue en France. Comme souvent la France s'estime à l'abri de la tentation, de la
déviance et de la corruption. La morale et la vertu
doivent être innées. Elles font certainement partie de
notre identité nationale. Nul besoin donc d'établir des
procédures et des règles. L'honnêteté fait office de via-
tique. Un pays où les ministres ne démissionnent que
rarement, même gravement mis en cause. Un pays où
l'on peut se faire réélire triomphalement après avoir
été condamné définitivement pour trafic d'influence
ou pour corruption. Un pays qui aime à critiquer les
mauvaises manières des autres, ces mélanges d'intérêts
publics et privés, ces allers et retours entre public et
privé, ces petits arrangements avec les notes de frais.
Et qui ne supporte pas quand les institutions internationales ou la presse étrangère lui en font grief.

Conflit d'intérêts, l'expression de l'année 2010.
Pourtant, à l'École nationale d'administration, il n'y a
toujours pas un seul cours sur le sujet, ni même sur la

déontologie de la responsabilité publique. Cette discipline n'est pas plus enseignée, ou très accessoirement au détour d'une conférence, dans les instituts d'études politiques. Comme s'il n'y avait rien à savoir, rien à apprendre, rien à enseigner. Comme dit celle qui est sortie major de la dernière promotion de l'ENA, « on y a des cours de *new public management*, mais pas un mot sur les conflits d'intérêts ou la déontologie ». Le new public management, c'est comment faire travailler des consultants privés pour transformer l'État. La déontologie, c'est autre chose… et cela ne s'enseigne pas.

Conflit d'intérêts, l'expression de l'année 2010. Pourtant, il est difficile de s'y repérer. Comment caractériser ces situations ? Culpabilité ? Maladresse ? Malhonnêteté ? Imprudence ? Inquisition ? Mauvais procès ? Corruption ? Illégalité ? Trafic d'influence ? Chasse aux sorcières ? Invention médiatique ? Fraude ? Acharnement politicien ? Suspicion légitime ou détournement de la présomption d'innocence ?

Si on oscille entre tous ces qualificatifs, c'est peut-être parce que la notion même de conflit d'intérêts a rarement été clarifiée dans le débat public.

Le sujet est délicat à aborder. Marcel Gauchet explique qu'il « réactive le divorce entre le peuple et ses élites[1] ».

---

1. *Le Monde* du 18 juillet 2010.

Évoquer ces questions, c'est courir le risque de faire du populisme, d'exciter le peuple contre les élites, de faire de la démagogie. C'est aussi courir le reproche de vouloir passer pour un chevalier blanc. Puisqu'il en parle, c'est qu'il ne se sent pas concerné. Se sent-il au-dessus des autres ? À l'abri ?

C'est également encourir le reproche de rechercher une pureté dangereuse, un monde aseptisé. Celui qui s'y risque est vite accusé d'entonner le refrain du « tous pourris ». De mettre en danger la démocratie. La rhétorique est bien rodée. Chaque fois qu'une affaire éclate, ceux qui la dénoncent, qui la commentent, qui la diffusent sont soupçonnés de vouloir faire le lit de la démagogie et des extrêmes. Ce ne sont jamais les premiers concernés qui considèrent que, par leur comportement, ils ont pu monter le peuple contre ses dirigeants, ceux qui subissent contre ceux qui organisent, et parfois qui profitent.

Il y aurait en France une « pathologie de l'argent » différente de celles qui existent dans d'autres pays. La France aurait honte de l'argent. Un poncif que l'on entend souvent. C'est cette phobie de l'argent qui ferait naître le soupçon. Il ne pourrait donc y avoir de lien malsain entre les responsables publics et la communauté des affaires, puisque, selon une thèse répandue, il y aurait au contraire une coupure excessive entre la fonction publique et l'entreprise. Être à la jonction des deux, cela ne serait pas être en conflit d'intérêts malsain mais au confluent fructueux des intérêts.

Il y a en tout cas une phobie réelle de la transparence. La transparence est assimilée à du voyeurisme. Cette pudeur permet toutes les audaces. À force de ne pas parler d'argent, cela rend plus facile d'en faire. Pour se retrouver finalement avec des rémunérations de dirigeants qui n'ont rien à envier à celles de nos voisins et concurrents et à des confusions des genres qui n'ont rien de plus sain que les rapports incestueux entre la politique et les affaires qui caractérisent certains pays.

Pourtant, si on n'aime pas les révélations, il vaut mieux organiser la transparence.

Je dis «organiser» la transparence, en choisissant cette expression qui montre que la transparence ne peut pas être absolue, garantie et totale. Je suis d'accord avec ceux qui disent que l'excès de transparence fait tomber dans d'autres travers. La transparence doit être compatible avec une vie privée qui reste privée. Elle ne conduit pas à mettre un espion derrière chaque personne publique.

La lutte contre les conflits d'intérêts ne s'apparente pas à une police de mœurs privées, mais à une politique de mœurs publiques.

L'autre problème, c'est qu'il est difficile d'aborder abstraitement la question des conflits d'intérêts. Les situations de conflits ne se comprennent que si on les illustre. Et les illustrer, c'est partir de faits réels et donc de personnages qui existent, que l'on côtoie, avec lesquels parfois on a même des liens amicaux.

Ce livre n'est pas fait pour dénoncer tel ou tel. Il n'est pas un réquisitoire personnalisé. Il n'a qu'un seul objet : pousser à ce que de nouvelles règles soient adoptées. Convaincre qu'elles sont indispensables. Et qu'elles ne sont pas hors de portée. Prévenir, défendre l'idéal démocratique. Il est logique que, régulièrement, les règles soient revues, renforcées, qu'il soit tenu compte de l'évolution des pratiques et des exigences, d'un contexte nouveau.

Le président de la République l'a affirmé, lui qui a annoncé le 12 juillet qu'il allait proposer une commission sur le sujet. Cette annonce a été diversement appréciée. Ceux qui y ont vu un « enfumage » de circonstance ont tort de négliger la question et l'impératif de la traiter au mieux et au plus vite[1].

---

1. Cf. la tribune de l'auteur, « Pour en finir avec les conflits d'intérêts, des règles vite », *Le Nouvel Observateur*, 7 juillet 2010.

III

AU FAIT, C'EST QUOI
UN CONFLIT D'INTÉRÊTS ?

À ce stade, il n'est pas inutile de se demander ce qu'est un conflit d'intérêts. Toutes les définitions convergent vers la même idée, à quelques toutes petites nuances près.

Selon le Conseil de l'Europe, « un conflit d'intérêts naît d'une situation dans laquelle un agent public a un intérêt personnel de nature à influer ou paraître influer sur l'exercice impartial et objectif de ses fonctions officielles ». L'OCDE reprend la même définition et l'illustre par la situation d'un agent de l'organisme de régulation des télécommunications qui aurait à se prononcer sur la tarification des mobiles, susceptible d'être influencé par la pensée qu'il pourrait un jour être embauché par l'une des entreprises.

Le conflit d'intérêts, c'est avant tout une contradiction entre son intérêt personnel et l'intérêt collectif que sert le responsable public.

Mais cela peut être également non plus une contradiction, mais une trop grande convergence entre l'intérêt public et l'intérêt privé. C'est ce que reconnaissait le cardinal de Richelieu quand il disait : « Il est normal qu'un ministre veille sur sa fortune en même temps que sur celle de l'État. » Le même Cardinal, qui s'y connaissait en matière de gestion de la France, disait qu'il préférait un ministre corrompu à un ministre incompétent, car l'incompétence entache toutes les décisions, alors que même un ministre très corrompu arrive à prendre des décisions correctes, au moins par intermittence[1] !

L'aspect délicat du conflit d'intérêts, c'est que l'on peut être en situation de conflit d'intérêts sans être malhonnête, sans n'avoir lésé personne. La malhonnêteté commence quand le conflit d'intérêts se traduit en prise illégale d'intérêts ou en corruption.

Il y a donc deux conceptions du conflit d'intérêts. La conception française et celle de presque tous les autres pays et de toutes les organisations internationales.

---

1. Cité par Jacques Dufresnes *in* « Conflits d'intérêts. Pour une éthique réaliste », article consultable sur l'excellent site www.agora.qc.ca ; et, pour la citation exacte de Richelieu, voir *Œuvres du cardinal de Richelieu*, Librairie Plon, 1933, p. 33-34.

Dans la conception française, juridique et politique, le conflit d'intérêts lui-même n'est ni un délit, pour le code pénal, ni une faute, du point de vue politique et administratif. Le conflit d'intérêts n'est pas mentionné dans le code pénal. Les délits qui existent sont la prise illégale d'intérêts, le délit de favoritisme, ou la corruption. En d'autres termes, il faut avoir consommé pour être condamnable.

Dans la plupart des autres pays, il en va autrement. La faute commence en amont, dès lors que l'on est en situation de devoir concilier des intérêts contradictoires.

La différence est importante. Illustrons-la.

Prenons un fonctionnaire M. qui a passé cinq ans dans l'entreprise de téléphonie X. Il sort de cette entreprise pour être recruté par l'autorité de régulation des télécommunications. Au passage, il a empoché beaucoup d'actions et se trouve donc avec des intérêts financiers importants dans l'entreprise X. Les entreprises de téléphone X, Y et Z sont candidates pour une licence de téléphonie mobile. Celle qui l'emportera verra certainement le cours de son action s'apprécier en Bourse. M. siège dans la commission qui se prononce sur l'attribution de la licence. En France, il n'y a pas faute, il n'y a pas délit. Il y a zéro délit si finalement ce n'est pas X qui a obtenu la licence mais Y ou Z. Et à supposer même que ce soit X qui ait obtenu la licence, si on ne démontre pas que monsieur M. a été influencé par les actions qu'il détient, il n'y a pas forcément délit.

Pour les organisations internationales et dans la plupart des pays, c'est le simple fait de siéger dans la commission qui se prononce sur le sort d'une société avec laquelle on a des intérêts financiers qui est une faute.

La nuance est de taille. En d'autres termes, en France on a une stratégie de répression des conflits d'intérêts «transformés en délit», pas de stratégie de prévention des conflits d'intérêts. On parle d'ailleurs de conflit d'intérêts potentiel pour bien montrer qu'il n'est pas sûr de se réaliser.

C'est un peu comme si le fait d'avoir de l'alcool dans le sang au volant ne devenait un délit que si un accident intervenait. Voilà la conception française du conflit d'intérêts. Un conducteur est imbibé, mais il fait tranquillement le trajet : pas de délit. La même quantité d'alcool ne deviendrait constitutive d'un délit que si le conducteur fauchait un piéton. Heureusement tel n'est pas le cas. Sinon, on imagine la recrudescence de l'insécurité routière et l'aggravation vertigineuse de l'alcoolisme au volant.

C'est le talon d'Achille de la conception française du conflit d'intérêts. Rien pour le prévenir, rien même pour le caractériser, tant qu'il ne s'est pas transformé.

Cette approche n'est pas due à un hasard de notre histoire juridique, mais trouve ses racines dans une haute conception de la chose publique, qui ne colle pas toujours avec des réalités plus prosaïques et plus humaines.

Elle est cohérente avec la tolérance du cumul des mandats et du cumul des fonctions et l'idée que certaines personnes seraient aptes à pouvoir jongler avec des intérêts contradictoires, sans pour autant nuire à l'intérêt général.

C'est en somme une conception élitiste de l'exercice du pouvoir. La manière dont les dirigeants seraient formés les mettrait à l'abri de toute tentative de faire prévaloir leur intérêt particulier sur l'intérêt général qu'ils incarnent. La haute fonction publique serait l'école du désintérêt. Cela a malheureusement été plusieurs fois mis à mal. La plus cynique et la plus désolante, la plus surprenante également peut-être dans l'histoire récente, c'est quand quelques-uns de nos diplomates les plus distingués, les plus convenables, les plus au-dessus de tout soupçon, se livraient à un traficotage dans le cadre de l'opération dite «pétrole contre nourriture». Un ambassadeur de haut rang, après avoir défendu la diplomatie française, à peine retraité, continuait à assurer des missions officielles, notamment pour plaider la levée de l'embargo sur l'Irak, alors qu'il avait bénéficié de «barils», pour des sommes rondelettes.

Dans la mythologie française, être honnête permet de surmonter tout conflit d'intérêts, même quand on en est au cœur.

On retrouve d'ailleurs de manière très illustrative cette conception dans les propos de Claude Guéant, secrétaire général de l'Élysée, au sujet d'Éric Woerth dans une longue interview publiée début juillet 2010 :

« Éric Woerth n'a-t-il pas négligé le risque de conflit d'intérêts qu'il y avait entre sa fonction de ministre du Budget et celle de son épouse, gérant le patrimoine de Mme Bettencourt, première fortune de France ?

Un honnête homme comme Éric Woerth ne songe pas à prendre des précautions parce que la tentation du conflit d'intérêts ne traverse même pas son esprit. D'ailleurs, en l'espèce, il n'a rien fait, ni pour lancer un contrôle ni pour en arrêter un.

Mais Mme Woerth elle-même a semblé reconnaître qu'elle avait "sous-estimé" un possible conflit d'intérêts ?

La vraie question est de savoir s'il y a eu une indélicatesse. En l'occurrence, il n'y en a pas eu. J'imagine que Mme Woerth et son mari sont meurtris par cette affaire, qu'ils en souffrent. Mais je vous le répète, pour des gens honnêtes, il n'y a pas de risque de conflit d'intérêts. […]

*Pour éviter les conflits d'intérêts, Christine Lagarde sou-
haite une clarification des règles.*

Cela relève de la conscience de chacun. Si on réglemente a priori les questions d'emploi des conjoints,
des parents et pourquoi pas des enfants, des cousins,
cela devient franchement compliqué. Je préfère me
fonder sur l'honnêteté présumée des gens.

*N'était-ce pas une erreur de cumuler, comme M. Woerth
l'a fait, un poste de trésorier de l'UMP et sa fonction de
ministre du Budget ?*

Encore une fois la seule question qui se pose est
de savoir si cette double casquette donne lieu à des
comportements anormaux. Aucun comportement
anormal n'a été révélé. La présomption d'innocence
doit aussi bénéficier aux ministres. On est dans le
pur fantasme, l'imagination, dans la manipulation de
fausses informations[1]. »

La phrase clé est bien celle-là : pour des gens honnêtes, il n'y a pas de risque de conflit d'intérêts. On
comprend le raisonnement[2]. Si un individu possède

---

1. Extrait de l'interview de Claude Guéant au *Figaro Magazine*,
3 juillet 2010.

2. En fait, pour faire un peu d'humour, on pourrait dire que c'est le
raisonnement des empereurs chinois qui pouvaient laisser leurs épouses
dans la Cité interdite avec des eunuques, sans crainte, pendant qu'ils
partaient combattre aux confins de la Chine.

une boussole intérieure parfaitement orientée vers l'intérêt général, s'il est bardé de scrupules, il peut résister à toute tentation et être capable d'une abstraction telle qu'aucun conflit d'intérêts potentiel ne pourrait se transformer en prise illégale d'intérêts ou en favoritisme.

Mais ce raisonnement présuppose une honnêteté presque surhumaine et fait abstraction de ce qui est nécessaire pour donner confiance dans une décision publique.

On peut prendre une métaphore sportive pour l'illustrer. Combien de Français accepteraient que le match de football France-Allemagne soit arbitré par un arbitre allemand, même si on leur démontrait que cet arbitre est le plus professionnel, le plus droit, le plus sûr de tous les arbitres? Il serait soupçonné de conflit d'intérêts pendant quatre-vingt-dix minutes. Et, même si son comportement était irréprochable, sa propre nationalité décrédibiliserait une éventuelle victoire de l'équipe allemande.

En outre, même pour les personnes les plus honnêtes, il est difficile de faire abstraction de ses propres intérêts, quand on est en situation de pouvoir les servir, comme on le verra un peu plus bas sur la question de fixation des loyers. Ce raisonnement conduit à nier la nécessité des règles et à tout faire reposer sur une déontologie que chacun doit être capable de respecter. Or, si on peut attendre d'un responsable public qu'il se fixe lui-même sa conduite, et que celle-ci doive être droite, on ne peut attendre de lui qu'il en fixe lui-même les règles.

La notion de conflit d'intérêts est encore peu présente dans les esprits, y compris chez les esprits les mieux faits. Ainsi, il est intéressant de lire comment Alain Juppé analyse rétrospectivement l'épisode qu'il a vécu ou subi.

« *Quelle faute avais-je donc commise? Autour de moi, je voyais tant d'exemples de situations analogues! Je m'étais même appliqué un loyer dans le haut de la fourchette habituellement pratiquée. Ma véritable erreur avait été d'attribuer un logement du même domaine à l'un de mes enfants. Et c'est vrai, j'avais été moins exigeant pour fixer le montant de son loyer. J'avais réduit de mille francs le montant proposé par les services, comme il m'arrivait souvent de le faire en pareil cas. J'étais resté dans la norme, et même... j'avais en tête des arbitrages plus "compréhensifs" qui m'arrivaient du cabinet du maire, au profit de tel ou tel parlementaire. Bref, je ne pensais pas mal faire*[1]. »

Morceau d'anthologie qui mériterait d'être enseigné à l'École nationale d'administration. L'expression «conflit d'intérêts» n'est pas prononcée. Pourtant on retrouve

---

1. Alain Juppé, *Je ne mangerai plus de cerises en hiver*, Plon, 2009.

tous les ingrédients de ce qui peut la déclencher. Alain Juppé agit à la fois en qualité de gardien des finances de la ville de Paris, comme locataire, comme père et comme bailleur de son fils. Il ne croyait pas mal faire… et il ne semble toujours pas complètement persuadé d'avoir mal fait. Comment expliquer cela? Il le dit. Son loyer de référence n'est pas le loyer du marché ou le loyer initial tel qu'il résulte de l'application des règles de droit commun, mais le loyer avec rabais tel qu'il est pratiqué pour de nombreux parlementaires. En se situant en haut de la fourchette (des rabais), en restant dans la norme (des ristournes), il a donc davantage le sentiment de renoncer à un avantage que de s'en octroyer un à lui-même ou à son fils. D'où son étonnement face aux reproches, qui lui paraissent injustes.

Je n'ai strictement rien contre Alain Juppé et j'ai une amicale estime pour lui. J'ai eu plusieurs fois l'occasion de venir à Bordeaux pour des débats avec lui et pour monter des projets d'économie sociale ou de jeunesse. C'est un maire actif et dévoué à sa ville. C'est une intelligence claire. Que lui-même utilise l'argument qui consiste à nier la notion de conflit d'intérêts mais à prétexter de ce que d'autres font en dit long sur la manière dont peuvent se comporter ceux qui n'auraient pas la moindre boussole intérieure.

La logique première aurait voulu qu'Alain Juppé refuse que son fils soit logé dans le parc de la ville de

Paris. Cela aurait été le plus simple. Le plus évident. À défaut, il aurait dû être conduit à refuser d'utiliser la délégation dont il disposait pour fixer son propre loyer et celui de son fils et demander au maire de Paris de le faire à sa place. Compte tenu de ce qu'il dit sur les prix d'amis, on voit que cette deuxième solution paraît bancale. Ne pas être en conflit d'intérêts, c'est ne pas loger son fils dans un domaine de la ville dont on a la gestion. Il aurait dû dire à son fils : « Désolé, tu vas devoir te loger comme tout le monde, à une différence près... qui est que, dans ma situation aisée, plus facilement que d'autres pères, je peux prendre en charge une partie de ton loyer ! »

Conflit d'intérêts, mélange des genres, confusion des genres, abus de privilèges...

La notion de conflit d'intérêts est donc à la fois simple à exprimer et délicate à comprendre. Simple à exprimer car l'expression dit bien ce qu'elle veut dire. Des intérêts divergents sont en conflit. C'est un peu l'image de la tempête dans un crâne de Jean Valjean. Ce pauvre bougre de Champmathieu est accusé de crimes qu'il n'a pas commis. Jean Valjean doit-il se manifester, au risque de se dévoiler aux yeux de Javert, et de retourner au bagne ? Ou doit-il demeurer le discret Monsieur Madeleine, au risque de laisser l'innocent Champmathieu partir au bagne ?

Son intérêt et celui de Champmathieu sont en conflit et cela crée une des plus intenses pages de la littérature.

Mais la notion est délicate, parce qu'être en situation de conflit d'intérêts entre un intérêt général et un intérêt privé n'implique pas de sacrifier l'intérêt général. Ce n'est pas le conflit lui-même qui signe la faute. Prenons une situation caricaturale. On peut imaginer le cas d'un responsable des achats de fournitures de bureau dans un organisme public dont la femme serait la dirigeante d'une entreprise de fournitures. Voilà un conflit d'intérêts potentiel. Mais notre directeur peut ne jamais retenir l'entreprise de sa femme – parce qu'elle n'est jamais la mieux-disante – et donc ne pas transformer ce conflit d'intérêts en une prise illégale d'intérêts. De même, prenons un enseignant qui siège dans un jury de concours, dont le fils se présenterait au même concours. Voilà une situation hautement anormale. Mais on peut imaginer cet enseignant être capable de ne pas avantager son fils, voire d'être encore plus sévère avec son fils. Sa présence dans le jury ne signifie pas obligatoirement qu'il va commettre un délit de favoritisme.

Pourtant, la jurisprudence administrative considère qu'une telle situation vicie le concours et l'assimile à un détournement de pouvoir. À juste titre. Que cet enseignant soit le plus intègre et le plus rigoureux importe peu. Si son fils est reçu, comment empêcher les autres candidats de penser qu'il a été favorisé, consciemment ou inconsciemment ?

C'est précisément toute l'utilité de la prévention des situations de conflit d'intérêts. Il ne s'agit pas de présumer la culpabilité, la corruption ou le favoritisme de tel ou tel. Il s'agit d'abord de rendre les décisions publiques insoupçonnables, de les mettre à l'abri du doute. Nul besoin de justification laborieuse à une décision si la procédure qui a été suivie est nette.

La deuxième logique de la prévention des conflits d'intérêts est d'éviter, même de manière non intentionnelle, un enrichissement lié à une décision publique. C'est la manière dont le directeur de la ville nouvelle que j'évoquais plus haut refuse d'être dans une situation dans laquelle son mandat public aboutirait à améliorer sa situation patrimoniale.

La troisième logique est aussi importante que les questions d'argent. Elle tient à la nature même d'une décision publique qui doit conduire à arbitrer entre des intérêts divergents. Or, cet arbitrage doit répondre à des procédures. Il ne peut se régler dans la conscience d'un seul individu. On ne peut pas être à la fois avocat et procureur pour une même cause, joueur et arbitre dans un sport, juge et partie bien évidemment, contrôleur et contrôlé assurément. De la même manière, on ne peut pas être responsable des normes de sécurité et du développement d'une activité. Regardons ce qui s'est passé lors de l'éruption du volcan islandais. Ce sont les autorités de l'aviation civile qui ont décidé de la fermeture de l'espace aérien. Pas les compagnies aériennes, pas leur organisation. Car elles ont forcément à l'esprit le manque à gagner. Elles ne peuvent pas avoir une vision totalement objective de la situation.

Dans la prévention des conflits d'intérêts, il y a donc l'essence de la décision publique.

Pour pouvoir prévenir les conflits d'intérêts, il faut procéder à une sorte de classification, élaborer une échelle de gravité, comme celle que l'on utilise pour classer les incidents en sûreté nucléaire. On peut proposer quatre grandes catégories, par ordre de gravité décroissant.

Conflits d'intérêts d'ordre 1 :

a) Situations dans lesquelles les décisions prises vont avoir directement un impact sur le revenu ou le patrimoine du décideur. Ce sont les cas où servir l'intérêt général irait à l'encontre des intérêts financiers du décideur ou, au contraire, lui apporterait un bénéfice particulier. On peut l'illustrer par le maire qui rend constructibles ses propres terrains avant de les vendre à un promoteur immobilier.

b) Situations dans lesquelles un agent public reçoit un avantage matériel (une rémunération, une invitation, un cadeau, une proposition d'emploi) qui peut trouver une contrepartie dans les décisions publiques qu'il est amené à prendre. C'est typiquement le cas du député rémunéré pour une fonction de conseil auprès d'un organisme professionnel, qui déposera un amendement téléguidé par cet organisme.

Ces conflits d'intérêts sont les plus graves. Ils font intervenir un enrichissement personnel direct et sont proches de la corruption ou de la prise illégale d'intérêts. Dans ces situations, la décision publique est directement influencée par l'intérêt personnel lié à un avantage matériel. En outre, ce sont des situations intentionnelles et organisées. L'entreprise qui rémunère un député et lui suggère un amendement, ou un laboratoire pharmaceutique qui rémunère un expert, inscrit ces deux actions dans sa stratégie dite de « relations institutionnelles ».

Conflits d'intérêts d'ordre 2 :

Une deuxième catégorie pourrait englober des situations où le lien est plus indirect et ne donne pas lieu au versement d'un avantage matériel par le représentant d'un intérêt privé à l'agent public, mais où celui-ci trouve à s'enrichir grâce aux conséquences de ses décisions.

Illustrons-le par un exemple. Admettons qu'un ministre des Finances ou un député possède un fort patrimoine constitué uniquement d'assurances vie et qu'il soit question de relever les taxes sur les assurances vie. Dans ce cas, le ministre ou le député en question peut se trouver en situation de conflit d'intérêts. Il pourra être réticent à proposer ou à voter une telle décision et préférera une taxation sur les actions, qui n'affecterait donc pas son patrimoine.

C'est pour réduire ce type de risque que les ministres sont obligés de confier leur portefeuille d'actions à un mandataire, pendant la période où ils exercent leurs fonctions.

C'est d'ailleurs une situation de ce type qui a récemment mis en émoi le Danemark. Un ministre de l'Agriculture percevait des aides agricoles européennes conséquentes pour sa propre exploitation. Il y a eu une violente campagne de presse pour dire que cela le mettait en situation de conflit d'intérêts quand il négociait les intérêts de son pays au niveau communautaire pour la politique d'aides aux agriculteurs.

Conflits d'intérêts d'ordre 3 :

Une troisième catégorie englobe les situations où les avantages financiers ne concernent pas personnellement l'agent public, mais l'organisme auquel il appartient ou ce qu'il représente.

C'est le cas du chercheur dont le laboratoire de recherche bénéficie de contrats émanant d'une entreprise pharmaceutique, alors que ce chercheur siège dans une commission.

Certains vont jusqu'à considérer comme un conflit d'intérêts permanent le cumul des mandats qui conduit à ce qu'un parlementaire puisse favoriser sa ville, son département ou sa région, lorsqu'il vote la loi[1]. Il a été ainsi soutenu que, dans les débats récents sur le statut des collectivités locales, des élus territoriaux ou la réforme de la taxe professionnelle, c'est plus l'intérêt des élus eux-mêmes que l'intérêt général qui aurait inspiré les débats et les votes.

Ces situations peuvent être qualifiées de conflits d'intérêts, mais, dans tous ces cas, les liens avec l'intérêt du patrimoine de l'agent public ou de l'élu sont inexistants ou beaucoup plus indirects.

---

1. C'est, par exemple, ce que soutient Yves Mény dans *La Corruption de la République*, Fayard, 1992.

Conflits d'intérêts d'ordre 4 :

Une quatrième catégorie peut regrouper des conflits d'intérêts qui n'ont aucune dimension financière, des conflits d'intérêts non monétaires. Il ne s'agit plus de procurer un avantage matériel à un agent public, un élu, sa ville ou son laboratoire.

Ce sont des situations où la décision publique est influencée plus qu'elle ne devrait par une amitié, par le souvenir d'un service rendu, par une appartenance à un groupe constitué. Ce sont les délicates questions régulièrement posées des éventuels conflits d'intérêts qui peuvent naître de l'appartenance à un club fermé et a fortiori à des organisations qui prônent la solidarité entre leurs membres mais dont l'appartenance n'est pas connue.

Ce sont bien entendu les deux premières catégories de conflit d'intérêts, celles dans lesquelles un enrichissement personnel peut être en jeu, qui devraient prioritairement être combattues et prévenues. Car ces conflits d'intérêts peuvent avoir des conséquences redoutables…

IV

MORTELS CONFLITS D'INTÉRÊTS

Si les conflits d'intérêts sont si redoutables, il faut commencer par cela, c'est parce qu'ils peuvent être mortels. Au sens littéral du terme.

Avant de léser financièrement des contribuables ou de désavantager certains actionnaires, avant de coûter à l'intérêt collectif, les conflits d'intérêts peuvent tuer. C'est ce qu'il faut d'emblée avoir à l'esprit quand on aborde le sujet.

Dans les trois plus terribles drames de la sécurité sanitaire de la fin du XXe siècle en France – le sang contaminé, les hormones de croissance et la contamination par l'amiante –, on trouve des conflits d'intérêts.

Sang contaminé. L'affaire du sang contaminé est un des plus grands scandales sanitaires des dernières décennies. En cause, l'écoulement de produits sanguins contaminés par le virus du SIDA et le retard mis pour contraindre à utiliser des processus de sécurisation de ces mêmes produits. Il s'agit de la période de 1984 et 1985 qui suit de quelque temps la découverte du virus du SIDA. Le gouvernement et les responsables de la transfusion sanguine doivent faire face à plusieurs accusations :

– Avoir mis trop de temps à imposer le chauffage des produits sanguins selon une technique pouvant inactiver le virus.

– Avoir tardé à ce que seuls les produits «sûrs» soient pris en charge par la Sécurité sociale.

– Avoir laissé écouler, après avoir imposé un nouveau procédé de fabrication, les stocks de produits fabriqués selon les standards antérieurs.

– Avoir favorisé la collecte de sang dans les populations à risque, et encouragé la collecte de sang en prison, alors que, compte tenu des comportements à risque notamment l'usage de drogues intraveineuses, il s'agissait d'une population de donneurs surexposés au virus du SIDA.

Le scandale éclate en 1992, grâce au travail opiniâtre de quelques journalistes, et en particulier d'Anne-Marie Casteret, qui publiera dans *L'Événement du jeudi* des fac-similés de notes et comptes rendus de réunions montrant les balbutiements qui entourent la prise de décision.

Ce drame vaudra au Premier ministre de l'époque, Laurent Fabius, de vivre un véritable enfer. Il est mis en cause pendant plusieurs années et sera traduit devant la Cour de justice de la République, où il bénéficiera d'une relaxe. Pour Laurent Fabius, la situation est d'autant plus paradoxale, on peut dire cruelle, qu'il avait été violemment critiqué pour avoir imposé les tests de dépistage au don du sang et avoir écarté les homosexuels du don du sang. On l'avait alors accusé à mots couverts d'homophobie et on lui avait reproché une pratique discriminatoire pour se mettre à l'abri d'un risque, alors considéré comme hypothétique. Dans *Les Blessures de la vérité*, il a quelques pages pour raconter, en sortant de sa pudeur habituelle, ces années interminables de procès[1]. Il avait eu cette belle formule, pour voter lui-même sa mise en accusation par le Parlement : «Je vous demande de m'accuser de crimes que je n'ai pas commis.» Dans ces pages, la question des conflits d'intérêts n'est cependant pas abordée.

Pourtant, ce qui est frappant, c'est que ce drame est un concentré de conflits d'intérêts.

Le conflit d'intérêts central est celui qui concerne l'organisation de la transfusion sanguine et le rôle de son principal responsable, le Dr Garretta. Le même

1. Laurent Fabius, *Les Blessures de la vérité*, Flammarion, 1995.

organisme était en «conflit», puisqu'il avait à la fois la responsabilité de l'équilibre économique de la transfusion sanguine et des produits dérivés du sang et la responsabilité d'établir les normes sanitaires. Ses dirigeants se trouvaient donc en perpétuel dilemme. Imposer des normes? C'est risquer d'augmenter les coûts et d'être mal jugé pour mauvaise gestion. Assurer la rentabilité économique? C'est faire passer les normes sanitaires au second plan.

Là où le conflit d'intérêts est devenu encore plus redoutable, c'est lorsqu'on a laissé créer, au-delà du système non lucratif de la transfusion sanguine, une société commerciale, dirigée par le même Dr Garretta, qui pouvait faire des bénéfices, rémunérer largement ses dirigeants et ceux qui en détenaient le capital. À partir de là, l'intérêt financier personnel des dirigeants entre en jeu et pas seulement le conflit entre deux missions de service public.

Il y a, en plus, un paradoxe à découvrir que le monde de la transfusion sanguine qui reposait sur le principe du bénévolat et du don, et qui en faisait sa marque de fabrique, avait organisé le lucre au bout de la chaîne. Donnez gratuitement votre sang, pour que certains puissent s'enrichir…

Autre conflit d'intérêts potentiel: le conseiller du Premier ministre pour les biotechnologies, le très renommé François Gros, qui avait dirigé l'Institut

Pasteur, à l'origine de l'un des premiers tests de dépistage et en bataille avec les Américains dans la course à l'homologation des tests.

Il est difficile de faire le compte des retards, des dysfonctionnements et donc des victimes qui sont directement liées à ces situations de conflits d'intérêts. Mais, il est évident que ces confusions d'intérêts n'étaient pas propices à faire valoir les enjeux de santé publique et l'intrication des intérêts financiers au sein de l'organisation de la transfusion sanguine et de la distribution des produits dérivés du sang.

L'hormone de croissance contaminée est un autre scandale sanitaire majeur des années 1980. Elle est à l'origine de plus d'une centaine de morts d'enfants traités pour un retard de croissance. Ces enfants avaient reçu une hormone contaminée par l'agent infectieux responsable de la maladie de Creutzfeldt-Jakob. Dans l'affaire de l'hormone de croissance sont également en cause plusieurs décisions : quelques mois peut-être perdus pour le passage de l'hormone de croissance dite extractive à l'hormone de croissance de synthèse ; le mode de préparation de cette hormone et les conditions dans lesquelles les hypophyses étaient prélevées ; la libération de lots douteux, ne présentant pas toutes les garanties de sécurité.

Là aussi les conflits d'intérêts se nouent à plusieurs niveaux. Ce qui est intéressant d'ailleurs, c'est que le conflit d'intérêts s'étend de l'exécutant de base jusqu'au grand professeur. À la base ce sont les « garçons d'amphithéâtre », appellation des agents chargés de s'occuper des cadavres à la morgue. Ils sont payés pour chaque hypophyse qu'ils prélèvent sur un cadavre. Leur intérêt ? Faire du chiffre ! Prélever le plus d'hypophyses possible. Aucune notion de qualité ni de sécurité. À l'autre bout de la chaîne, un professeur de l'Institut Pasteur qui a des parts dans une société belge intéressée au chiffre d'affaires de l'hormone de croissance. Il a donc intérêt à ce qu'il s'en vende le plus possible. À ces deux situations de conflits d'intérêts s'ajoute un conflit d'intérêts organisationnel. Comme dans le sang contaminé, ceux qui gèrent le système, qui l'administrent, qui en assurent l'équilibre financier sont également ceux qui sont les mieux placés pour en définir les règles, règles de prescription par exemple, indication de traitement. Le système n'est pas régulé de l'extérieur.

Ces cas sont dramatiques. Ils sont particulièrement marqués, particulièrement symboliques, particulièrement caricaturaux. Des cas d'école, pourrait-on dire. Et on ne croit pas si bien dire. À l'épreuve de gestion de l'ENA en 1990, il était demandé aux élèves de se mettre dans la peau du Dr Garretta. On proposait à tous les élèves de la promotion de se placer en situation de conflit d'intérêts et de le gérer au mieux. C'était édifiant. Les notions d'éthique et de gratuité étaient les contraintes, le but étant de faire fructifier le plus possible une structure à but lucratif, sans que son caractère lucratif ne soit trop apparent. C'était l'époque où le Dr Garretta était un modèle, où il attirait des personnalités à la réputation irréprochable dans son conseil de surveillance. Résultat : à l'ENA on apprenait aux élèves à maximiser un conflit d'intérêts, pas à l'éviter. Vingt ans plus tard, on l'a vu, le conflit d'intérêts n'est toujours pas enseigné à l'ENA. Pas un mot sur cette notion pendant la scolarité.

Pour la petite histoire, l'auteur de ces lignes doit confesser qu'il a fait partie de cette promotion de l'ENA dite promotion Jean Monnet et qu'il a eu une bonne note à cette épreuve de gestion (8 sur 10). Il a eu également une note correcte à l'épreuve d'économie qui n'était pas moins perverse. Il s'agissait de démontrer que le développement de la consommation de tabac était bon pour l'équilibre des finances publiques, y compris pour l'équilibre de la Sécurité sociale. Et que le coût pour l'Assurance maladie des dépenses liées à la consommation de tabac était plus que compensé par les économies pour le système des retraites liées aux décès prématurés... C'est ce principe qui a conduit certaines firmes de tabac à aller démarcher les pays de l'Est pour leur proposer le développement du tabac comme mode de régulation de leurs dépenses publiques !

Les conflits d'intérêts mortels, qui peuvent être à l'origine de drames sanitaires, sont bien entendu les plus scandaleux. Et il est logique que ce soit ceux qui aient fait le plus réagir et qui aient conduit à des mesures, certes tardives, mais efficaces. Qu'un conflit d'intérêts soit à l'origine d'un enrichissement ou d'un trou dans les caisses de l'État, c'est grave. Mais qu'il mette à mal la sécurité ou la santé, c'est tragique.

Or, dans le domaine sanitaire, et notamment dans le secteur du médicament, le conflit d'intérêts était, si l'on peut dire, monnaie courante.

Avant d'être mis sur le marché, un médicament doit être autorisé par les autorités sanitaires. Pour délivrer ou refuser une autorisation, les autorités sanitaires s'appuient sur des experts. Ces experts sont le plus souvent des chercheurs, des universitaires, professeurs de médecine, chercheurs dans les grands organismes de recherche.

Or, très souvent, ces chercheurs sont eux-mêmes «intéressés» par la mise sur le marché du médicament. Ils ont un «lien d'intérêts». Ce lien peut être de plusieurs natures. Le plus direct, ce sont des chercheurs rémunérés par la firme pour avoir travaillé sur ce médicament. Ils sont, dans ce cas, véritablement juges et parties. Deuxième cas de figure, ils sont rémunérés, toujours à titre personnel, par le laboratoire, mais pour service rendu à la firme qui n'a pas de rapport avec le médicament en question, ou par un organisme privé professionnel. Troisième cas de figure, la rémunération ne les concerne pas personnellement, mais va dans les caisses de leurs laboratoires publics ou d'une association destinée à soutenir leurs recherches ou leurs travaux.

Les sommes ne sont pas anecdotiques. Rien que dans les associations liées à l'Assistance publique-Hôpitaux de Paris, on estimait il y a quelques années que le montant total des versements des entreprises à l'égard des associations domiciliées à l'hôpital représentait 150 millions d'euros par an… Une somme tout à fait considérable, ce qui montre que les services hospitaliers comme les laboratoires de recherche ne pouvaient plus s'en passer. C'était un élément indispensable de leur travail. Les chercheurs et les médecins étaient donc sous la dépendance de l'industrie pour mener à bien leurs travaux.

Le cas le plus organisé concernait ce que l'on appelle le tour de lait des maternités. Dans les maternités, les distributeurs de lait infantile fournissaient des échantillons gratuits. Les personnels des maternités avaient juste à expliquer aux mamans qu'elles devaient conserver la même marque pendant plusieurs mois, pour la santé de leurs enfants. En contrepartie, les firmes faisaient des dons aux associations de médecins pour payer leurs déplacements, leurs voyages pour des congrès scientifiques et pour couvrir d'autres menues dépenses. Le système était organisé de telle sorte que chaque marque avait sa semaine, et donc se répartissait le marché… Le conflit d'intérêts était bien rodé. En réalité, on peut tout à fait changer de marque, sans que cela pose le moindre problème de santé au bébé…

V

LA PRÉVENTION DES CONFLITS DANS L'EXPERTISE SANITAIRE

Aujourd'hui, c'est dans le secteur sanitaire qu'en France a été élaborée la politique de prévention des conflits d'intérêts la plus aboutie. Nécessité a fait loi, après les drames qui ont émaillé les années 1980 et 1990. Dans ce domaine, le conflit d'intérêts, on l'a vu, peut être mortel lorsqu'il empêche ou retarde la prise de décision protectrice de la santé. Il est logique que les conséquences tragiques de tels conflits d'intérêts aient conduit à un sursaut et à l'édiction de règles strictes. Elles sont d'autant plus nécessaires que les enjeux financiers peuvent être eux-mêmes colossaux. Quand des centaines de millions d'euros sont dépensées pour la recherche d'un nouveau médicament, l'obtention d'une autorisation de mise sur le marché, ou d'un bon prix pour le remboursement par la Sécurité sociale, peut être vitale pour le laboratoire. Influencer l'expertise est un bon moyen de favoriser, d'accélérer ou d'orienter la décision qui sera prise. C'est donc l'expertise qui est le maillon faible, le maillon à protéger et à contrôler.

En revanche, dans d'autres secteurs où les enjeux financiers sont également importants, comme le secteur des travaux publics, ce n'est plus l'expert, mais l'élu qui peut être le maillon faible.

Pendant la même période, il y avait donc des laboratoires pharmaceutiques qui finançaient les scientifiques et les médecins qui siégeaient dans les commissions d'évaluation et des entreprises de travaux publics qui finançaient les partis politiques en contrepartie de l'obtention d'un marché.

La première mesure significative a été prise en 1994, à l'initiative du directeur de l'Agence du médicament de l'époque, Didier Tabuteau, responsable de la mise sur le marché des médicaments, avec l'instauration de «déclarations d'intérêts». Le corpus de règles a été complété, précisé, étendu au cours des dix années qui ont suivi.

Il est intéressant de rappeler ces règles parce que la transposition aux décideurs de ce qui s'applique aux experts est tout à fait pertinente.

La prévention des conflits repose sur plusieurs principes.

Le premier pilier, c'est le caractère systématique des déclarations d'intérêts. Tout expert doit remplir un questionnaire et mentionner tout lien financier, direct ou indirect, susceptible de créer un conflit d'intérêts. Est-il rémunéré par un laboratoire? L'a-t-il été dans le passé? Possède-t-il des actions ou des parts dans une entreprise de santé? Ses travaux de recherche bénéficient-ils d'un financement par un laboratoire? Les proches membres de sa famille sont-ils concernés par un lien financier avec un laboratoire?

Ce qui rend efficace ces déclarations, c'est leur caractère très complet. L'expérience montre qu'une interrogation succincte: «Avez-vous un conflit d'intérêts?» est beaucoup moins performante car souvent les experts eux-mêmes n'ont pas en tête la possibilité d'un tel conflit. Ils s'imaginent capables d'établir une cloison étanche entre le fait d'avoir le matin développé un vaccin pour le compte d'un laboratoire pharmaceutique et celui de siéger l'après-midi dans une commission qui pourrait se prononcer sur l'efficacité d'un vaccin présenté par un laboratoire concurrent. Avoir à mentionner tous les liens ou devoir explicitement mettre le mot «néant» dans une case permet d'avoir une vision beaucoup plus exhaustive et donc beaucoup plus fidèle à la réalité.

Déclarer des liens n'écarte pas obligatoirement l'expertise. L'examen des compatibilités se fait ensuite au cas par cas, pour déterminer quels liens disqualifient un expert et lesquels restent compatibles avec une expertise indépendante. Avoir reçu l'année précédente un contrat pour conseiller un laboratoire sur un médicament A n'interdit pas à l'expert de siéger l'année suivante dans une commission qui se prononcera sur un médicament B du même laboratoire. Il peut en aller de même si le contrat est en cours, à condition que cette situation soit connue de tous.

Car, dans l'ensemble des pays, la plupart des scientifiques appelés comme experts ont des liens directs ou indirects avec l'industrie. Les exclure tous, c'est rendre quasi impossible l'expertise par les personnes présentant les compétences les plus pointues.

L'Agence française de sécurité sanitaire des produits de santé (AFSSAPS), qui a succédé à l'Agence du médicament, a établi un tableau de classification des risques de conflits d'intérêts avec des risques élevés ou des risques faibles, reposant sur trois critères :

– la prise en compte du caractère actuel ou passé des intérêts

– le degré d'implication de l'expert au sein de l'entreprise concernée par la procédure (intérêts financiers dans une entreprise, salariat ou participation à un organe décisionnel, prestations régulières sous une autre forme ; responsable d'une institution dépendant financièrement d'un laboratoire pharmaceutique)

– les travaux effectués en relation avec le produit spécifique soumis à évaluation ou l'affaire traitée et la nature de ces liens.

C'est pour cela que d'autres dispositions sont nécessaires. Tout d'abord, veiller à ce que l'expertise soit collégiale, suffisamment diversifiée pour pouvoir «diluer» un éventuel conflit d'intérêts. La présence de représentants de patients ou de consommateurs dans les commissions évite que des experts, tous liés à des laboratoires, puissent faire des petits arrangements entre eux. Ensuite, l'évaluation repose sur un équilibre entre une expertise externe, c'est-à-dire le recours à des experts qui, par ailleurs, travaillent dans des laboratoires de recherche, et l'expertise interne, c'est-à-dire des personnes dont l'unique fonction est de travailler dans une agence sanitaire publique, sans aucun lien d'intérêts avec l'industrie.

Les questions qui se posent au niveau d'un individu se posent également au niveau des institutions. Les organismes en charge de l'expertise doivent être eux-mêmes dans leur financement, leur gouvernance, leur organisation, indépendants des industries dont ils évaluent les produits.

Tel n'était pas le cas du comité permanent de l'amiante qui réunissait à la fois des représentants des administrations, des organismes scientifiques publics et des producteurs de l'amiante. Ce comité a combattu efficacement pendant des années l'interdiction complète de l'amiante sans que personne ne réalise que cette instance incarnait à elle toute seule le conflit d'intérêts.

Avant la création de l'Agence française de sécurité sanitaire des aliments, les autorités publiques s'appuyaient pour leurs décisions sur un Institut national de la nutrition (IFN), qui faisait des travaux sérieux, mais très influencés par l'industrie agroalimentaire. Pour éviter que cette influence ne soit trop visible, il existait certains stratagèmes astucieux. Les travaux étaient validés par une instance composée d'experts indépendants, mais étaient préparés par des groupes de travail noyautés par les représentants de l'industrie. Autre stratagème habile : les scientifiques qui contribuaient aux travaux étaient bénévoles, mais chaque année un prix d'une valeur de 10 000 euros était décerné à l'un d'eux, choisi par le jury parmi les plus influents et les plus talentueux. En 2001, ils ont ainsi élu comme lauréat le directeur de l'évaluation des risques à l'Agence française de sécurité sanitaire des aliments, qui est convenu, après m'en avoir parlé, qu'il ne pouvait accepter un tel chèque sans être en situation de conflit d'intérêts!

Les producteurs de boissons alcoolisées financent un «Institut de recherche sur les boissons» qui fait travailler des chercheurs tout à fait respectables, mais qui utilise leurs travaux pour défendre leurs intérêts, qui sont particulièrement puissants.

Désormais, les laboratoires pharmaceutiques sont obligés de rendre publiques les subventions qu'ils versent à des associations, pour éviter que leurs intérêts ne transitent par des associations dont le but non lucratif pourrait cacher une dépendance financière à l'égard de l'industrie.

La prévention des conflits d'intérêts a donc dans ce domaine, depuis l'époque du sang contaminé, fait des progrès sensibles. Elle reste perfectible. Ainsi, Didier Tabuteau et Pierre-Louis Bras recommandent que soit pris l'équivalent du «Sunshine Act» américain qui contraint les entreprises de santé à rendre elles-mêmes publics tous les intérêts financiers qu'elles ont avec des chercheurs ou des médecins[1]. Ils recommandent également que soit réellement appliquée la disposition législative qui prévoit de mentionner les liens financiers qui peuvent concerner tout chercheur

---

1. «Santé : encore un effort pour être transparent», par Didier Tabuteau et Pierre-Louis Bras, *Libération*, 16 avril 2010.

au moment où il s'exprime dans les médias. La même disposition pourrait d'ailleurs s'appliquer aux journalistes qui, comme les responsables publics, pourraient utilement avoir à déclarer les intérêts financiers et tout particulièrement les « ménages » qui peuvent les conduire le matin à animer, de manière rémunérée, une conférence organisée par une entreprise et l'après-midi à écrire un article sur les produits de cette même entreprise. Au moment du scandale du sang contaminé, *Le Monde* avait été secoué par une tempête lorsqu'il avait été révélé que deux journalistes, qui couvraient le sujet, avaient également été rémunérés pour assurer des actions de formation auprès du Centre national de la transfusion sanguine. Si les agences de sécurité sanitaire ont adopté des procédures strictes de prévention des conflits d'intérêts, ce n'est pas encore le cas pour tous les organismes nationaux ou internationaux. On l'a récemment vu pour la gestion de la grippe A...

VI

COÛTEUX CONFLITS D'INTÉRÊTS

En avril 2009, des centaines de porcs meurent de la grippe au Mexique. Une souche virale inconnue. On parle d'abord de «grippe porcine mexicaine». En quelques semaines, le virus est isolé, identifié et séquencé. Il s'agit d'un virus H1N1, d'un type nouveau. Peut-il être à l'origine d'une nouvelle pandémie? L'idée d'une pandémie grippale n'est pas un pur fantasme. Au cours du siècle dernier, la planète a connu de grandes pandémies de virus de la grippe. Elles ont fait des millions de morts. La plus célèbre est la grippe espagnole, qui a fait plus de morts que la Première Guerre mondiale. Le virus de la grippe est redoutable. Il se transmet d'espèce en espèce, pouvant particulièrement s'adapter aux populations aviaires, porcines et humaines. Il a une grande capacité à muter, c'est-à-dire à adopter de nouvelles propriétés qui peuvent le rendre plus virulent, plus transmissible, plus mortel. Plus la quantité de virus circulant est grande, plus la probabilité d'une mutation est forte. L'alarme mexicaine n'intervient pas hors de tout contexte d'inquiétude. Depuis plusieurs années, un virus de la grippe, cette fois aviaire, circule, principalement en Asie. Il a fait quelques dizaines de morts humains. Et la propagation de l'épidémie dure depuis 2003. C'est cette grippe aviaire qui a conduit plusieurs pays dont la France à préparer des plans antigrippe. Comment ne pas se retrouver aussi vulnérables qu'en 1916? Il n'existe pas de parade parfaite, face à un tel virus. Sa variabilité oblige à refaire un vaccin pour chaque souche. Chaque année, se tiennent d'ailleurs de grandes réunions, sous l'égide de l'OMS, pour décider quel «cocktail» de souches doit composer le vaccin annuel. Il n'y a pas de bon médicament, les antiviraux étant d'une efficacité incertaine. C'est le cas du fameux «Tamiflu». Et pour empêcher la propagation du virus, il faut des mesures contraignantes. D'où les stocks de masques et l'éventualité d'interrompre les occasions de se déplacer et de se regrouper, qu'il s'agisse des activités économiques ou de l'école.

Les décisions de santé publique sont donc difficiles à prendre. Il faut s'adapter aux caractéristiques du virus. La fiabilité de l'expertise est clé.

La coordination mondiale est fondamentale. Il ne faut pas qu'il y ait de maillons faibles, car le virus ne connaît pas de frontière. C'est le rôle de l'Organisation mondiale de la santé de coordonner l'expertise et de faire vivre le règlement sanitaire international qui permet d'imposer des mesures d'ordre général ou de faire des recommandations aux États membres. Le rôle de l'OMS est donc particulièrement important pour une pandémie grippale.

L'expertise scientifique obéit à des règles. Trois règles d'or : transparence, indépendance, compétence. Il faut mobiliser les meilleurs experts de la question, s'assurer qu'ils formulent leurs recommandations, indépendamment de toute influence, de la part de gouvernements comme d'intérêts privés et connaître la manière dont l'expertise est formulée. Ce sont les trois conditions de la confiance, de la pertinence et de l'efficience.

L'organisation de l'expertise a été formalisée dans de nombreux pays au cours des années 1990, en réponse aux scandales qui ont émaillé la décennie précédente. Les agences sanitaires font appel à des experts selon une procédure de sélection stricte. La composition des commissions d'experts est publique et les experts doivent faire une déclaration publique d'intérêts.

Ces règles à portée universelle ne sont pas appliquées de la sorte à l'OMS. La liste d'experts du comité d'urgence consulté est tenue secrète… A fortiori, les liens éventuels qu'ils entretiennent avec des laboratoires. Quant au groupe stratégique consultatif d'experts (SAGE), consulté sur les questions de vaccination, il a été soumis à la procédure des déclarations publiques d'intérêts. L'un de ses membres avait oublié de mentionner que son institut de recherche avait reçu 9 millions d'euros du GlaxoSmithKline, fabricant de vaccins…

L'opacité de l'OMS a été mise en cause, notamment par le Conseil de l'Europe ou par le Sénat français. Entre-temps, c'est un journal scientifique qui a enquêté de la manière la plus approfondie, le *British Medical Journal*. Dans un brûlot de quatre pages, cette très sérieuse publication médicale fait le procès des procédures appliquées par l'institution internationale en charge de la santé mondiale.

Le *BMJ* écrit : « Notre investigation a identifié des scientifiques qui ont joué un rôle clé dans la gestion par l'OMS, qui ont des intérêts dans l'industrie pharmaceutique. Ces liens n'ont jamais été déclarés par l'OMS et malgré nos demandes répétées, il n'a jamais été accédé à la demande de transparence sur ces liens. »

L'OMS se défend en expliquant que ces conflits d'intérêts potentiels sont inévitables et que des procédures de sauvegarde sont en place pour gérer ces conflits.

Le *BMJ* fait valoir que dès 1999 l'OMS a publié un document faisant le parallèle entre une future épidémie de grippe et l'épisode meurtrier de 1918, mais que ce document émanait d'un groupe totalement financé par le laboratoire Roche.

La conclusion du *BMJ* mérite d'être citée : « Le nombre de victimes de H1N1 s'est révélé beaucoup plus faible que les prédictions les moins alarmistes de l'OMS. Cela aurait pu, évidemment, être bien pire. Prévoir le pire tout en espérant le scénario le plus favorable reste une approche tout à fait rationnelle. Mais notre enquête révèle des problèmes graves. Si ces problèmes ne sont pas traités, on pourrait considérer que la principale victime du virus H1N1 serait la crédibilité de l'OMS et la confiance dans l'ensemble du système de santé publique. »

La directrice générale de l'OMS, le Dr Chan, devra se défendre ainsi : « L'OMS avait anticipé de nombreuses conséquences de ses décisions, mais nous n'avions pas anticipé que nous serions accusés par des responsables politiques européens d'avoir déclaré une fausse épidémie, sur le fondement d'avis d'experts qui auraient un intérêt financier personnel à cause de leurs liens avec des laboratoires pharmaceutiques. » Et l'institution internationale d'expliquer son raisonnement :

« Quelle est la fonction du Comité d'urgence et pourquoi les noms de ses membres n'ont-ils pas été divulgués ?

Le Règlement sanitaire international (RSI) renferme une série d'exigences juridiquement contraignantes pour l'OMS et les 194 États Parties au RSI. Le RSI demande au Directeur général de l'OMS de réunir un Comité d'urgence, constitué à partir d'une liste d'experts du RSI, pour fournir à l'OMS des recommandations indépendantes au cours des urgences de santé publique de portée internationale, telle une pandémie de grippe. Le RSI est entré en vigueur en 2007.

L'émergence du nouveau virus H1N1 a déclenché la première convocation du Comité d'urgence en vertu du RSI. À l'époque, l'OMS s'interrogeait sur le fait de savoir s'il fallait divulguer publiquement ou non les noms de ses membres et s'est trouvée devant un dilemme. D'une part, les noms des membres d'autres groupes consultatifs sont rendus publics après qu'ils se sont réunis ; l'identification des personnes formulant des recommandations ajoute à la transparence de leurs conseils et des décisions ultérieures de l'OMS. D'autre part, l'expérience engrangée au cours des flambées de SRAS a mis en évidence la désorganisation économique et sociale considérable engendrée par certaines urgences de santé publique, ce qui signifie que les experts pourraient très bien faire l'objet de pressions ou de sollicitations politiques ou commerciales mettant potentiellement en péril l'objectivité de leurs conseils.

Après avoir pris en compte ces problèmes, l'OMS a décidé de faire comme d'habitude, c'est-à-dire de divulguer les noms des experts après que l'organe consultatif a achevé son travail. Les membres du Comité eux-mêmes ont accueilli avec satisfaction cette décision comme une mesure de protection et non pas comme une tentative visant à dissimuler leurs délibérations et leurs décisions sous le voile du secret. Toutefois, étant donné la durée de la pandémie, le Comité d'urgence a tenu plusieurs réunions sur plus d'un an et non pas une réunion unique comme la plupart des groupes consultatifs, repoussant d'autant le moment où les noms de ses membres seraient divulgués.

L'OMS est désormais pleinement consciente du fait que cette décision a favorisé les soupçons pesant sur le Comité, selon lesquels ce dernier aurait pu formuler des recommandations déterminées par des pressions ou des intérêts commerciaux. Les noms de ses membres et un résumé des déclarations d'intérêts pertinentes seront rendus publics lorsque le Comité notifiera la fin de la pandémie. Les modalités selon lesquelles on révélera les noms des membres des futurs comités d'urgence sont à définir.»

La fin de la pandémie a été déclarée le 10 août 2010. Le jour même, l'OMS révélait la liste des experts qu'elle avait consultés.

Le bilan économique de la grippe A, c'est 18 milliards de dollars dépensés et sur ces 18 milliards de dollars entre 7 et 10 milliards de bénéfices pour les fabricants de vaccins.

VII

CONFLITS D'INTÉRÊTS
AU SOMMET DES ENTREPRISES

Paris Match, numéro 3098 du 2 au 8 octobre 2008.

La Une de la revue montre le président de la République et son épouse, main dans la main à New York, avec comme sous-titre: «Les photos privées d'un week-end amoureux avant l'ouragan financier.» Mais c'est le deuxième titre, tout aussi accrocheur, qui doit davantage retenir notre attention: «Peur sur les banques: et maintenant l'Europe!» À l'intérieur, un magnifique reportage intitulé «Cellule de crise à Bercy». Une photo en double page illustre la cellule de crise. Cette fois ce ne sont pas des militaires, des sauveteurs ou des policiers qui sont dans le PC. Ce sont les responsables de la politique économique. Le reportage a été fait la nuit au cours de laquelle tout aurait pu basculer. «En présidant l'Europe, notre pays devient l'acteur principal du sauvetage des grandes banques en péril, comme Dexia ou Fortis. Cette nuit du 29 septembre 2008, l'équipe de France compte onze joueurs. Leur défi : Dexia. […] Dans le silence du ministère résonnent les BlackBerry et les portables. On tient le coup avec du café, des raisins, des macarons. À 5 heures du matin, retour à l'Élysée où Christine Lagarde rejoint Nicolas Sarkozy. Le jour n'est pas encore levé, une vague de plus a été endiguée.» Voilà pour le poids des mots. Mais il y a aussi un choc sur la photo qui nous montre le joliment baptisé «onze» de France. Citons la légende de la photo : «Mardi 30 septembre, 2 h 40 du matin.» À Bercy, plusieurs bureaux restent allumés toute la nuit, dont celui de la ministre de l'Économie. Dans le sens des aiguilles d'une montre après Christine Lagarde, Xavier Musca, directeur du Trésor, Antoine Gosset-Grainville, directeur de cabinet adjoint à Matignon, Hervé de Villeroché, haut fonctionnaire à Bercy, Michel Pébereau, président de BNP Paribas, François Pérol, secrétaire général adjoint de l'Élysée et Bernard Delpit, conseiller économique de Nicolas Sarkozy.

Cherchez l'erreur. Associé à la décision publique de sauvetage des banques, le président de BNP Paribas est dans le bureau au moment où se décide la stratégie du gouvernement français, l'intervention sur Dexia et

Fortis[1]. Il est appelé comme conseil. Or, que se passe-t-il deux jours après ? BNP Paribas fait une offre sur Fortis… et finira, un an après, par mettre la main dessus.

Nul doute que Michel Pébereau est d'une très grande compétence. Il a probablement donné des conseils tout à fait avisés. Il n'y a aucune raison que les autorités publiques se privent de l'éclairage de professionnels en exercice au plus fort d'une crise. Il vaut mieux d'ailleurs qu'elles le fassent, plutôt que de faire de mauvais choix. On se plaint à raison parfois des fonctionnaires qui agissent en circuit fermé en prenant des décisions qui ignorent la réalité des acteurs privés.

En l'occurrence, la situation est un peu particulière. Les autorités publiques auraient pu vouloir monter une réunion d'urgence avec les directeurs de toutes les banques. Seul l'un d'entre eux est présent. Elles auraient pu avoir affaire au président de la Fédération bancaire. Mais, c'était à l'époque le président du Crédit agricole, pas celui de la BNP, qui présidait le « syndicat des banques ». Elles auraient pu consulter Michel Pébereau intuitu personæ, mais celui-ci n'aurait-il pas dû alors s'abstenir de racheter l'un des établissements qui allait être sauvé par les efforts conjoints des gouvernements français et belges ?

---

1. Michel Pébereau a précisé à l'auteur qu'il n'a pas été question de Fortis en sa présence, mais uniquement de Dexia (entretien téléphonique du 23 septembre 2010).

Peut-être que tout cela s'est fait au mieux des intérêts collectifs. Il n'y a pas eu de faillite de banques en France et, après une année très particulière, les banques françaises ont renoué avec leurs profits précédents, à commencer par BNP Paribas, devenue la première banque européenne après le rachat de Fortis. Si la situation mise en évidence par la photo intrigue et même dérange, c'est parce qu'il y a en France une tradition de confusion des intérêts davantage que de prévention des conflits d'intérêts. Cette photo révèle une situation dans laquelle l'un des principaux dirigeants d'entreprise peut participer aux décisions publiques, sans règle spécifique, sans code défini, sans qu'on sache quelles sont les précautions prises pour que son intervention soit bien destinée à conseiller la meilleure décision publique et non, au passage, à faire coup double, en faisant avancer les intérêts de sa propre entreprise, ou pire, à favoriser une décision qui profite à son entreprise au détriment de l'intérêt général.

Ceci est favorisé par une proximité très grande entre le monde politique, celui de la haute fonction publique et celui de la finance et des grandes entreprises.

Le cas d'Henri Proglio est un cas instructif. Rappelons que la polémique éclate à cause de sa rémunération, ou plus exactement de sa double rémunération. C'est le montant de la rémunération totale qui provoque des réactions. Environ 2 millions d'euros par an. 1,2 million comme président d'EDF et le reste comme président du conseil de surveillance de Veolia. Sa nomination intervient au plus fort de la crise, sur fond d'augmentation de chômage à un rythme soutenu. Quand des millions de personnes peinent à conserver leur emploi, apprendre qu'une personne gagne des millions en cumulant deux emplois et deux bulletins de paie fait hurler. On s'aperçoit qu'il y a une contradiction également entre le fait de se consacrer à plein-temps à une entreprise publique confrontée à d'immenses défis et d'avoir une autre fonction rémunérée. Soit l'autre fonction ne prend aucun temps, est purement honorifique, comme il est un temps prétendu, et dans ce cas-là elle ne justifie aucune rémunération. Soit elle justifie une forte rémunération et dans ce cas-là elle est réelle et nécessite un minimum d'investissement personnel. Sinon, la rémunération est fictive. C'est le président de l'Autorité des marchés financiers, Jean-Pierre Jouyet, qui sera le premier à se placer sur le terrain principal, celui du conflit d'intérêts. Quand chacun glose sur le montant de la rémunération, lui aborde la question la plus délicate, en qualifiant de «baroque» la situation.

Notons qu'il est d'ailleurs courageux d'adopter une telle position, même pour le président d'une autorité administrative indépendante. Car si la situation est baroque, la dénoncer comme telle, c'est dire que ceux qui l'ont admise ont fait un montage baroque. Difficile de dénoncer une situation sans remettre en cause ceux qui l'ont acceptée, ceux qui ont pris la décision. C'est ce qui rend délicat l'exercice pour pouvoir dire où doit aller la boussole, sans être pris dans des polémiques politiques ou personnelles.

Pourquoi y avait-il et y a-t-il eu conflit d'intérêts si caractérisé? Car les deux immenses entreprises que sont Veolia et EDF[1] peuvent avoir des intérêts divergents ou avoir à négocier entre elles. Dès le départ, il est question de synergie, d'éventuelles cessions de filiales, de participations croisées. Il y a donc un vendeur et un acheteur, ou deux négociateurs. On ne peut pas faire plus pur conflit d'intérêts que celui dans lequel l'acheteur et le vendeur sont rémunérés d'un côté et de l'autre. C'est un peu comme si, dans un procès, les deux parties avaient le même avocat!

Comment se fait-il que notre système de contrôle démocratique ne soit pas capable de faire cesser un tel conflit? Pourquoi faut-il passer par la polémique politique, le rapport de force, l'émotion liée aux émoluments pour faire cela? Et encore n'a-t-on abouti qu'à atténuer le conflit sans le faire cesser, puisque Henri Proglio a certes renoncé à une

---

1. Sur ce sujet voir ma déclaration d'intérêts sur le voyage à la charge de Veolia Environnement en juillet 2010.

rémunération, mais pas, tout de suite, à la double fonction. Et que, par ailleurs, il restait intéressé aux résultats de Veolia, puisqu'on ne sait pas exactement ce qu'il en est de la retraite chapeau et de son portefeuille d'actions…

Ce qui montre que les dirigeants d'entreprise, à commencer bien évidemment par les dirigeants d'entreprises publiques, devraient être obligés de déclarer leurs intérêts financiers, la composition de leurs portefeuilles d'actions, les différentes rémunérations qu'ils peuvent percevoir. Cela doit aller de soi et pouvoir entraîner certaines interdictions à édicter.

Il y a, pour les acteurs publics, les conflits d'intérêts entre intérêts publics ou intérêts privés, autrement dit, entre intérêt général et intérêt privé. On retrouvera la même notion de conflit d'intérêts dans les entreprises, entre intérêts collectifs. Si l'on considère que les citoyens sont les contribuables, susceptibles d'être lésés par les conflits d'intérêts publics, les petits actionnaires sont les intérêts collectifs susceptibles d'être lésés par les conflits d'intérêts privés.

Ce qui est frappant dans plusieurs cas qui ont défrayé la chronique, c'est que l'existence d'un conflit d'intérêts semble patente pour tout le monde. Cela ne se dit pas toujours publiquement, mais «la place» paraît n'avoir aucun doute là-dessus et prend cette situation avec fatalité ou avec étonnement.

Pour la double présidence de Veolia et d'EDF, les spécialistes évoquent deux conflits d'intérêts. Le premier est celui d'avoir des responsabilités importantes dans deux groupes cotés. « Impossible, inconcevable dans d'autres pays. » Inconcevable, puisque le dirigeant d'une entreprise doit des comptes à ses actionnaires et ne peut donc se partager, en termes de temps, d'investissement et d'intérêts entre deux groupes cotés, deux séries d'actionnaires.

Le deuxième conflit d'intérêts, plus spécifique, est lié au fait que les deux entreprises possédaient une filiale commune, une filiale avec des enjeux différents pour les deux entreprises, et qu'avait été envisagée du reste publiquement l'intention de vendre les participations de l'une à l'autre. Or, il est communément admis qu'il existe des conflits d'intérêts entre un vendeur et un acheteur, et que le fait de se retrouver des deux côtés d'un même contrat de cession est assez « baroque », pour reprendre le terme du président de l'Autorité des marchés financiers.

Ce qui est curieux d'ailleurs, c'est qu'il n'y a finalement aucun arbitre de ces conflits d'intérêts. Le président de l'Autorité des marchés financiers, dont le rôle est de vérifier que les actionnaires ne sont pas lésés par le fonctionnement du marché boursier, ne dispose que d'une capacité de conviction, une magistrature de parole. Il peut dire publiquement que la situation est baroque, ce qui a un certain poids, mais il ne peut enjoindre que le conflit cesse. Il n'a aucun pouvoir pour cela. Et nul n'en a à sa place, parmi les autorités publiques ou juridictionnelles.

La France est un terreau propice à ces conflits d'intérêts, à cause de l'endogamie au sein des conseils d'administration. La même personne siège dans plusieurs conseils d'administration et joue donc sur un billard à plusieurs bandes. Or, rien de plus difficile que de prévoir la trajectoire de la boule dans un billard à plusieurs bandes.

La question d'une limite au cumul des mandats d'administrateur est donc une question cruciale pour éviter les conflits d'intérêts.

Un cas particulier mérite d'être signalé. C'est le cas des banquiers d'affaires qui siègent dans les conseils d'administration, parfois au titre d'administrateur indépendant. Or, ils sont en même temps apporteurs d'affaires. Dans le conseil, ils vont avoir à se prononcer sur l'opportunité d'un rapprochement avec tel groupe, sur l'intérêt ou non de faire appel à un emprunt bancaire pour une grosse opération d'acquisition, alors même qu'ils sont à la tête d'un établissement qui a pu travailler à ce rapprochement ou qui est susceptible de prêter à l'entreprise. Quand ils se prononcent sur l'opération envisagée par la firme qu'ils administrent, comment peuvent-ils faire la part des choses entre l'intérêt pour cette firme et l'intérêt pour la banque qu'ils dirigent, qu'ils surveillent et qui les rémunère?

Là aussi cette situation, relativement répandue, est considérée consensuellement comme un marqueur de conflit d'intérêts. La solution? Considérer comme incompatible la fonction de banquier avec celle d'administrateur d'une société cotée. Pour l'instant, l'AMF a proposé des critères de définition de la qualité d'administrateur indépendant qui empêchent de fait un banquier d'affaires d'être considéré comme administrateur indépendant, mais qui ne lui interdisent pas d'être administrateur. Cela, seule une loi pourrait le faire.

VIII

CONFUSION D'INTÉRÊTS AU PARLEMENT

«Il n'est pas rare de voir un député recevoir un groupe de pression à l'Assemblée nationale, le matin, venu lui présenter sa position concernant un texte en cours, assurer ce groupe de pression de son soutien dans l'hémicycle, au moment où la question sera débattue, et de lui proposer, pour la rédaction précise, de passer l'après-midi dans son cabinet.» Ce constat ne provient pas d'un journal satirique ou d'un poujadiste antiparlementariste patenté, mais d'un haut fonctionnaire exerçant une responsabilité importante au Parlement. «Oui, le trafic d'influence, c'est tous les jours», ajoute-t-il.

Ceci fait froid dans le dos. Le Parlement, c'est la pierre angulaire de notre démocratie. C'est l'organe qui fait la loi. C'est l'organe qui contrôle le pouvoir exécutif et l'ensemble des administrations. C'est l'institution qui incarne le plus l'intérêt général, qui décide de la loi au nom du peuple français.

On pourrait s'attendre à ce que son fonctionne-ment soit entouré de garanties blindées contre toute tentation de conflit d'intérêts ou, plus généralement, contre les risques d'interférences d'intérêts privés avec son rôle de législateur.

En réalité, tel n'est pas le cas. L'arsenal déontolo-gique en est réduit à sa plus simple expression. Ce n'est que très récemment que l'Assemblée nationale a mis en place quelques mesures pour encadrer les possibilités de lobbying. Ceci a fait suite à un mini-scandale au moment du vote de la loi sur le téléchar-gement. Des entreprises privées venaient faire des démonstrations auprès des députés, dans les espaces de l'Assemblée nationale où l'on n'accède normale-ment que sur badge, prouvant un lien direct avec le travail législatif. Au Sénat, un comité de déontologie a été créé en 2008.

Ces dispositions sont assez frustes. Elles deman-dent surtout aux représentants des intérêts pro-fessionnels de ne rien faire qui soit illégal ou frauduleux ! Mais, jusqu'à leur adoption sous la hou-lette du président de l'Assemblée nationale à l'été 2009, Bernard Accoyer, rien de tel n'existait. Il n'y avait aucune règle.

Le statut du parlementaire est lui-même très peu disert. Et les conditions de cumul entre une activité de parlementaire et une activité privée sont très limitées.

Est prohibé le cumul du mandat avec des fonctions de direction dans des entreprises nationales ou des établissements publics nationaux, ainsi que dans des entreprises bénéficiant d'avantages accordés par l'État ou les collectivités publiques. Les parlementaires ne peuvent pas non plus diriger une entreprise ayant exclusivement un objet financier ou faisant publiquement appel à l'épargne, les sociétés immobilières et les sociétés travaillant principalement pour le compte de l'État.

Comme toujours dans ce cas, le juge fait une interprétation très stricte de ces incompatibilités. C'est ce que montre la jurisprudence du Conseil constitutionnel qui a eu à se prononcer deux fois sur la compatibilité entre des responsabilités dans une entreprise et l'exercice d'un mandat parlementaire. La première fois, il s'agissait de M. Dassault père, Marcel, et la deuxième fois, de M. Dassault fils, Serge, dont l'entreprise d'aviation dépend principalement des commandes publiques. Cependant, M. Dassault ne dirige pas directement ces entreprises, mais siège dans une holding qui possède des filiales qui, elles, travaillent pour le compte de l'État. Chaque fois, le Conseil constitutionnel a jugé que les incompatibilités prévues ne s'appliquaient pas. En effet, si l'article L.O. 146 rend incompatibles avec l'exercice d'un mandat parlementaire les fonctions de directeur des filiales des sociétés qu'il vise, il n'étend pas cette règle à leur société mère.

Un parlementaire ne peut pas se lancer dans une fonction de conseil après avoir été élu s'il ne l'exerçait pas précédemment. Il peut toutefois devenir avocat, ou poursuivre une telle activité.

Pour ce qui est de l'utilisation de cette tolérance dans les cumuls entre mandat parlementaire et activité privée, l'exemple vient du haut : des deux présidents du groupe majoritaire, à l'Assemblée nationale et au Sénat.

Le président du groupe majoritaire à l'Assemblée nationale revendique d'être en même temps salarié dans un grand cabinet d'affaires, pour «s'oxygéner» ou pour «garder un pied dans la vraie vie». Il le fait ouvertement, même s'il ne va pas jusqu'à indiquer ou confirmer le montant des revenus que lui rapporte cette activité. D'après le livre qui lui est consacré[1], il s'agirait de 20 000 euros par mois, pour «deux ou trois après-midi par semaine», soit sur un temps plein l'équivalent de 100 000 euros par mois. Les auteurs qui l'ont interrogé n'ont pas réussi à savoir quels clients il avait, quelles affaires il traitait et quels mécanismes étaient mis en place pour prévenir d'éventuels conflits d'intérêts.

---

1. Solenn de Royer et Frédéric Dumoulin, *Copé, un homme pressé*, L'Archipel, 2010.

Quels seraient les mécanismes de prévention qui seraient efficaces dans une telle situation ? Le président du groupe majoritaire à l'Assemblée nationale a une influence sur l'ensemble des textes législatifs, de toute nature, y compris tous les textes fiscaux et avec l'ensemble des administrations. Se mettre à l'abri des conflits d'intérêts, cela signifierait s'interdire de traiter toute affaire pouvant avoir une incidence fiscale, s'interdire d'avoir à faire avec les directions du ministère des Finances, directement ou indirectement. Cela ne laisse plus beaucoup de place pour une activité d'avocat d'affaires.

Une éventualité serait, dans une telle situation, de ne traiter des affaires que dans un domaine très limité, très spécialisé et de s'interdire de prendre part à toute prise de décision sur ce sujet. On pourrait imaginer, par exemple, une spécialisation dans les questions d'audiovisuel, et aucune participation au moindre débat sur ce thème.

On le voit, même une telle limitation ne va pas de soi. Est-ce le choix fait par l'homologue de Jean-François Copé, le président du groupe UMP au Sénat ? Celui-ci a été rémunéré (directement ou par le biais d'une société de conseil) par une des plus grandes entreprises françaises, GDF-Suez, pour lui apporter des conseils sur les questions d'énergie. Gérard

Longuet, quand ce lien financier a été révélé, n'a pas souhaité rendre public le montant de sa rémunération ni préciser le type de travaux qu'il réalisait pour le géant de l'énergie et des services aux collectivités locales. Quand j'ai demandé à l'un des principaux dirigeants de l'entreprise si une telle fonction de conseil était bien rémunérée, j'ai eu droit à cette réponse sibylline : « Pas trop mal… sénatorialement. »

Une telle activité doit être déclarée au bureau du Sénat, conformément aux règles adoptées. Et Gérard Longuet a indiqué avoir suivi les procédures prévues pour déclarer cette activité. Mais, devant le bureau des assemblées, si toute activité doit être déclarée, il n'est pas obligatoire de mentionner les clients pour lesquels on travaille.

On comprend l'insatisfaction du président du Sénat, confronté à ce type de situations[1]. Sur la suggestion de Robert Badinter, il a pris l'initiative de créer un comité de déontologie, dont il a confié la présidence à l'ancien garde des Sceaux, devenu sénateur. Puis, le 1er avril 2010, il lui a demandé de

---

1. On notera que cette initiative est postérieure à l'article des *Échos* du 25 mars 2009, de Guillaume Delacroix, intitulé « La face cachée des amendements Marini ». Il montre comment l'influent rapporteur général du budget au Sénat exerce également des responsabilités dans Gimar Finances, une société de conseil en fusions et acquisitions travaillant avec de grandes entreprises publiques, et siège dans une holding, le consortium d'investissement et de placements mobiliers.

mener une réflexion sur la manière de résoudre les incohérences de la législation actuelle. Le président du Sénat relève en effet, dans la saisine adressée à Robert Badinter, que, s'il est tenu d'interdire à un sénateur d'être «maître de conférences associé», rien ne lui permet de proscrire à un membre de la Haute Assemblée de présider un syndicat professionnel, pour lequel les risques de conflits d'intérêts sont bien plus élevés[1].

Les liens entre les parlementaires et des intérêts privés peuvent être de diverses natures. Il peut y avoir des liens de rémunération, il peut y avoir aussi le soutien de l'industrie ou de telle entreprise à des associations où siègent des parlementaires, ou le financement de colloques organisés à l'Assemblée nationale ou au Sénat. J'ai vu cela fréquemment, lorsque je m'occupais de santé ou de sécurité sanitaire.

Comme haut fonctionnaire, responsable de la sécurité alimentaire, j'étais fréquemment invité par des parlementaires à m'exprimer dans l'une des salles de l'Assemblée nationale et du Sénat. Souvent, les colloques étaient «sponsorisés» par des professionnels ou des entreprises, qui s'occupaient de monter le programme. Ne pas y aller, c'est s'exposer à ce que la voix publique de la sécurité sanitaire soit la

---

1. Voir la lettre du président du Sénat en annexe 2.

seule à ne pas se faire entendre et c'est donc risquer qu'elle ne soit pas prise en compte par les parlementaires. Y aller, c'est cautionner la démarche des industriels, dans une confusion entre travail parlementaire et défense d'intérêts privés.

Il peut y avoir des liens inévitables. Une entreprise qui a une usine dans la circonscription d'un député fera de ce député l'un de ses avocats. On ne peut pas demander à un député de travailler contre l'emploi dans sa circonscription. La situation est moins caricaturale qu'elle ne l'a été auparavant. On pouvait faire la cartographie de l'implantation des usines pharmaceutiques en fonction de la carte électorale, et plus précisément des circonscriptions des ministres de la Santé successifs. C'était, disait-on, une manière d'obtenir un bon prix pour un médicament remboursé par la Sécurité sociale…

En juin 2010, une petite tempête agite le milieu des associations de malades du SIDA. Il y a un risque de pénurie sur un des médicaments, le DDI. La raison avancée par le laboratoire ? Un changement de site de fabrication avec la fermeture d'un site et le transfert de la production sur un autre site industriel. L'usine qui ferme en 2010 est une usine implantée à Meymac, au cœur de la Corrèze. Non pas qu'il y avait une technopole des sciences de la chimie et du vivant à Meymac, mais il y avait un élu, qui s'appelait

Jacques Chirac. Celui-ci a été président de la République jusqu'en 2007, et c'est trois ans après que le grand groupe pharmaceutique s'autorise à rationaliser sa production.

Pour le Parlement, un régime d'interdiction certainement beaucoup plus strict devrait être édicté.

Il semblerait naturel d'interdire toute possibilité de conseil pour des entreprises privées, que le parlementaire agisse en qualité d'avocat ou de consultant. Si on conçoit qu'un avocat pénaliste puisse continuer à vouloir défendre des particuliers, il faudrait maintenir ouvertes certaines possibilités. Ces activités pourraient être autorisées explicitement et rendues publiques.

Il faudrait également se demander si le régime des interdictions ne devrait pas être élargi, s'agissant des fonctions de direction dans des entreprises. On a vu ce que la «jurisprudence Dassault» du Conseil constitutionnel avait de paradoxal. Dans de nombreux parlements étrangers, les conditions d'exercice d'une activité privée sont beaucoup plus limitées qu'en France.

Plusieurs mesures d'ordre général pourraient être édictées. Par exemple, plafonner le montant des rémunérations susceptibles d'être tirées d'une activité professionnelle.

En tout état de cause, la transparence devrait être améliorée. Si les parlementaires sont obligés de déclarer leurs activités auprès du bureau de l'assemblée à laquelle ils appartiennent, ces activités ne sont pas rendues publiques. Une telle publicité existe au Parlement européen, où les députés doivent faire une déclaration publique d'intérêts, qui figure sur le site du Parlement. Le questionnaire est si succinct qu'il appelle surtout des réponses très laconiques.

IX

LES PETITS CADEAUX ENTRETIENNENT LES BONS CONFLITS

Les cadeaux et les invitations peuvent représenter le préliminaire du conflit d'intérêts et l'antichambre de la corruption. Impossible de ne pas traiter la question. Nous sommes là au confluent du futur conflit d'intérêts et d'une forme douce de corruption, nous pourrions dire de corruption potentielle, comme il y a un conflit d'intérêts potentiel.

D'ailleurs l'OCDE cite la rubrique «cadeaux, invitations» comme la première source des conflits d'intérêts dans une trentaine de pays.

Si l'on garde le même fil rouge, à savoir rechercher à ce qu'une décision publique soit prise en fonction de l'intérêt général, en toute indépendance à l'égard d'un intérêt privé, on voit que la question des cadeaux ne peut être occultée.

Dans le milieu de la politique et des affaires, il n'y a pas de cadeau gratuit. Sous le papier cadeau, il existe souvent beaucoup d'arrière-pensées, même s'il est rare que la contrepartie soit explicitement mentionnée. Il y a les cadeaux qui remercient, après coup, et il y a les cadeaux qui investissent, avant coup, en faisant du récipiendaire un aimable obligé, consentant ou non.

Le drame intervient lorsque les responsables publics ne considèrent plus les cadeaux comme des cadeaux, mais comme un dû. Ou lorsqu'ils ne voient même plus les contreparties attendues.

En 1998, je me souviens de ma surprise en recevant sur mon fax, à mon domicile, une invitation signée de Jean-Marie Messier, alors patron de Vivendi au faîte de sa gloire, qui me conviait à assister à une représentation de l'opéra au Festival d'Aix. L'invitation était fort sympathique et j'aime beaucoup l'opéra. Le patron de Vivendi m'indiquait que j'étais invité à prendre son avion privé, à pouvoir dormir dans un hôtel de luxe après la représentation ou, si je préférais, à reprendre l'avion privé pour rentrer dans la nuit. Je ne connaissais absolument pas Jean-Marie Messier que je n'avais jamais rencontré (et que je n'ai toujours pas rencontré) bien qu'il me donne du « cher ami ». J'étais directeur de cabinet du secrétaire d'État à la Santé. Le lendemain, au bureau, j'ai demandé si nous avions, en cours, des questions qui concernaient la distribution de l'eau. Un conseiller m'a appris qu'il y avait une discussion âpre avec les professionnels de l'eau, pour les contraindre à indiquer, sur les factures, les résultats de conformité aux normes sanitaires et le niveau de métaux lourds dans l'eau. Ceci ne plaisait pas aux distributeurs et Vivendi avait demandé un rendez-vous auprès du cabinet, qui ne s'était pas bien passé. Il y avait donc neuf chances sur dix pour que cette amicale invitation soit juste un moyen de faire fléchir le ministère de la Santé. Cette courte investigation m'a bien évidemment conforté dans l'idée que je ne pouvais que décliner une telle invitation. En racontant cette histoire quelques jours après, je me suis aperçu que d'autres, avec des responsabilités plus éminentes que les miennes, n'avaient pas fait le même raisonnement et avaient beaucoup apprécié la soirée…

Au ministère de la Santé, les industriels du tabac étaient également très prodigues en cadeaux quand il s'agissait de négocier la fiscalité sur les cigarettes. J'avais plaisir à les renvoyer avec un mot acerbe et un échantillon de patch antitabac. On s'amuse comme on peut face à ces grosses ficelles.

Lorsque j'ai été nommé directeur de la Pharmacie centrale des hôpitaux, le patron d'un grand laboratoire pharmaceutique français m'a très simplement expliqué que son avion privé était garé à Orly, et qu'il était à ma disposition chaque fois que j'en aurais besoin. «Simple comme un coup de fil», m'a-t-il précisé. «Il est à vous quand je ne l'utilise pas.»

Lorsqu'il s'est agi de renégocier le prix du principal traitement antiviral, un autre laboratoire m'a demandé le numéro d'un compte de «mon association», sur lequel il pouvait faire un don.

L'épisode des timbres-poste fournit une belle illustration de l'ampleur possible des cadeaux et des dérives auxquelles ils donnent lieu.

De longue date, la direction de la Poste, qui était une administration avant de devenir un établissement public, avait pour habitude, chaque fois que sortait un nouveau timbre, d'en envoyer une épreuve de luxe aux plus hautes autorités de l'État et de la Poste. Parmi les plus hautes autorités de l'État, il y avait le président de la République, le Premier ministre, le ministre en charge de la Poste et probablement quelques autres ministres et quelques très hauts fonctionnaires. On pourrait penser qu'il s'agissait d'un usage avant tout sympathique, montrant la fierté de la Poste d'émettre de nouveaux timbres. Il y a des opérations «premiers jours» qui font les délices des collectionneurs. On achète un timbre au prix normal, et on va le faire oblitérer dans un bureau spécial, pour garder un souvenir. Ainsi, quand la Poste sort un timbre représentant le gouffre de Padirac, elle organise un bureau éphémère dans le gouffre et les passionnés, les «timbrés» de timbres, vont faire oblitérer leur timbre premier jour sur place. On pourrait penser que les plus hautes autorités de l'État n'ont ni le temps ni le goût d'aller courir après les timbres premiers jours et que cet hommage de la Poste était une marque de fierté pour l'établissement, de portée purement symbolique et sans autre prix que la valeur faciale du timbre.

Or, le système était bien plus sophistiqué. Les timbres réservés à cette nomenklatura, ces «épreuves de luxe», avaient une valeur marchande bien supérieure : ils présentaient, de par leur nombre restreint, une rareté qui les différenciait des timbres ordinaires. À l'instar des timbres présentant un défaut, qui en fait un produit rare et recherché par les philatélistes, leur rareté créait leur valeur.

Ce système était l'un des secrets les mieux gardés de la République. Probablement seuls les bénéficiaires connaissaient ce stratagème astucieux et lucratif. J'ai mis le doigt dessus en m'occupant de la commission pour la transparence financière de la vie politique. Cette commission a en charge de contrôler les variations de patrimoine des ministres et des élus, en leur demandant une déclaration sur l'honneur au début du mandat, une autre déclaration de fin de mandat et en comparant les variations entre l'entrée et la sortie.

Il s'agit d'un contrôle très rustique. On ne peut pas imaginer plus léger. Les déclarations de patrimoine ne sont pas rendues publiques. La commission n'a aucun pouvoir d'investigation et ne peut donc pas en vérifier la véracité. On peut considérer que le fait de déclarer peut avoir un effet dissuasif et le seul contrôle de la commission est un contrôle de cohérence. Si le patrimoine déclaré à la sortie n'a rien à voir avec le patrimoine déclaré à l'entrée, elle peut demander des explications à la personne concernée. Elle peut aussi faire, a minima, des recoupements avec des informations publiques par ailleurs. Si un ministre ne déclare pas une propriété, mais fait le tour du propriétaire au détour d'un reportage dans *Paris Match*, la commission peut manifester son étonnement face à la discordance entre le reportage photo et le silence de la déclaration.

C'est dans ce cadre que la commission a constaté une situation étrange. Apparaissait en cours de mandat dans le patrimoine d'une personnalité une maison dans le Sud de la France. Compte tenu des revenus de cette personne pendant la période, il était difficile d'imaginer un taux d'épargne suffisant pour pouvoir s'offrir cette résidence secondaire. Des explications ont été demandées, jusqu'à ce que l'intéressé révèle qu'il avait pu financer une grande partie de cette acquisition par la vente de timbres. Nouvel étonnement de la commission : il ne figurait aucun timbre de valeur dans la déclaration initiale de patrimoine. S'agissait-il d'un oubli ? D'une négligence ? Pas du tout, la nouvelle demande de justification conduisit l'intéressé à expliquer que ces timbres lui avaient été offerts pendant son mandat et à produire les ventes réalisées qui se chiffraient à plusieurs centaines de milliers de francs. Il ne s'agissait donc pas seulement d'un cadeau symbolique !

J'ai récemment voulu avoir confirmation de ce système. Et je me suis adressé à Yves Cousquer, qui dirigea la Poste entre 1990 et 1993. Très simplement, Yves Cousquer me confirma cette tradition très particulière, reconnaissant, quinze ans après son extinction, qu'elle était parfaitement incongrue et en quoi elle pouvait être choquante. Il n'avait plus en tête la liste exhaustive, au demeurant codifiée par le ministre, des bénéficiaires, mais il se souvenait du président de la République, du Premier ministre et du ministre en charge des PTT. À la question de savoir si l'un d'entre eux avait renvoyé ces hommages philatéliques, la réponse semblait négative. Yves Cousquer a l'honnêteté de reconnaître qu'il a lui-même bénéficié du système et vérifié sur ses comptes personnels. Pendant les quatre années, la vente des timbres ainsi obtenus lui a rapporté 500 000 francs, soit 136 000 en moyenne par an, l'équivalent d'une prime de 17 %, non déclarée, non imposée. Le système a été arrêté au milieu des années 1990, à l'initiative d'un de ses successeurs, à la suite d'une «affaire» liée à la vente de timbres, dont il ne se souvient plus des détails.

Cadeaux, conflits d'intérêts. Difficile pour un ministre de se sentir libre vis-à-vis de l'administration de la Poste en acceptant, chaque année, un cadeau lui permettant de payer sa résidence secondaire, de manière clandestine. Comment donner des ordres à son administration, comment avoir de l'autorité sur elle, comment ne pas se sentir redevable vis-à-vis de ses dirigeants?

Ce système est tout à fait symptomatique d'un vice au cœur de la République, à une époque somme toute récente, secret, mais quasi officiel. En existait-il d'autres? En existe-t-il toujours d'autres?

S'il ne s'agit pas d'un conflit d'intérêts au sens strict du terme, on y retrouve les deux ingrédients principaux: l'absence de transparence et l'absence d'indépendance. Si de tels systèmes existent, on voit qu'ils mettent à mal tous les principes nécessaires à une saine démocratie. Des revenus répondant à des règles claires, identiques pour tout le monde, soumis aux mêmes prélèvements, à la même imposition que pour tous.

La république des cadeaux est une République qui flirte avec la corruption.

Finalement, les cadeaux, les invitations deviennent normaux. On perd l'habitude de devoir payer sa place au concert ou à l'opéra. On considère normal d'être invité pour un séjour à l'étranger. Les portes vous sont ouvertes. On n'y fait plus attention. On s'étonne quand cela s'arrête.

Une des lois les plus efficaces a été la loi «anticadeaux» pour les médecins. L'article L.4113-6 du code de la santé publique, édicté en 1993, interdit aux professions médicales de recevoir des avantages en nature ou en espèces de la part d'entreprises intervenant sur le secteur de la santé.

Si cette disposition a été élargie en 2002 à tous les membres, médecins ou non, des commissions consultatives qui interviennent dans le secteur de la santé, rien de tel n'existe pour les responsables publics. Certains organismes, rares, ont édicté des règles internes : ne pas accepter des cadeaux au-dessus d'une certaine somme. Tel ministre était célèbre – ministre du Budget – pour avoir dit : «Je n'accepte les cadeaux qu'en liquide», sous-entendu, qu'il n'acceptait que les bouteilles qu'on lui offrait... avec une jolie ambiguïté.

Pourtant, la nécessité d'interdire les cadeaux ne date pas d'hier. On la trouve, il y a sept siècles, dans une ordonnance de 1302 de Philippe le Bel du «lundi après la mi-carême». Elle interdit de recevoir des cadeaux, d'accepter des prêts pour soi-même et sa famille «si ce n'est des choses à manger ou à boire», et instaure l'obligation de ne pas se prononcer lorsqu'un parent ou un ami est concerné par l'affaire à traiter[1].

Les règles devraient imposer de ne pas accepter des cadeaux supérieurs à une certaine valeur. Par exemple, moins de 500 euros. Et de devoir déclarer les invitations que l'on accepte.

Il n'est pas question de sombrer dans l'excès de puritanisme et de mettre en place des barrières étanches qui rendraient toute relation normale impossible et toute vie sociale suspecte.

Mais, il faut des mesures qui évitent de se retrouver ensuite en situation d'obligé. Ne rien devoir aux intérêts privés.

En 2005, j'ai été appelé par les avocats de Total, à propos de l'affaire birmane. Total avait été accusé d'avoir eu recours au travail forcé pour le pipe-line de Yadana. Une procédure judiciaire avait été lancée par des réfugiés birmans et la juge avait commencé

---

1. Ces citations de l'ordonnance de Philippe le Bel sont tirées de l'excellent chapitre de Didier Tabuteau sur l'expert en santé publique et les conflits d'intérêts, *in* Anne Laude et Didier Tabuteau, *Essais cliniques, quels risques?*, PUF, 2007.

des auditions. Total considérait la menace judiciaire suffisamment sérieuse pour avoir choisi une transaction qui s'était conclue par un accord original. L'entreprise pétrolière s'était engagée à consacrer 6 millions de dollars à des actions collectives au bénéfice des populations birmanes réfugiées en Thaïlande et à procéder à une indemnisation des victimes. L'indemnisation s'élevait à 10 000 dollars pour les plaignants, à quelques centaines de dollars pour chacune des personnes qui s'estimerait victime du travail forcé. Ce faisant, Total ne reconnaissait pas avoir fait appel au travail forcé, mais admettait une sorte de responsabilité morale dans le contexte dont l'armée birmane avait pu profiter de sa présence pour recourir au travail forcé.

L'entreprise cherchait à constituer un comité chargé de surveiller que l'argent serait bien employé, que les actions collectives seraient utiles aux populations et que la procédure d'indemnisation serait équitable et efficace. J'étais alors président d'Emmaüs et l'avocat m'indiqua qu'ils avaient pensé à moi comme « autorité morale issue du monde humanitaire ».

Cela m'intéressait de voir comment cette transaction allait être suivie d'effet et comment une telle somme pouvait être dépensée au mieux des intérêts des populations les plus vulnérables. J'informai Emmaüs et je posai deux conditions : la première, c'est d'être choisi également par les victimes et leurs avocats ; la seconde, d'être bénévole pour pouvoir réaliser cette supervision en toute indépendance. Ces deux conditions furent remplies. Pendant dix-huit mois, jusqu'à mon entrée au gouvernement, je suis allé tous les trois mois sur place deux ou trois jours pour participer au comité qui affectait les fonds, pour élaborer les procédures d'indemnisation, pour choisir les programmes et pour vérifier du bon usage de l'argent sur le terrain. Cela n'a pas été de tout repos, car il y avait bien des déviances possibles et le rôle du comité a certainement évité de nombreux pièges.

Au milieu de la mission, les avocats m'ont indiqué que Total avait décidé de me défrayer pour ces missions, dont les voyages étaient déjà pris en charge. Je leur rappelai que j'avais demandé à être bénévole. On me répondit que c'était pour cela qu'ils avaient décidé d'un simple « défraiement » et non pas d'une rémunération et que ce défraiement était forfaitaire à hauteur de… 150 000 euros !

Une somme bien supérieure à mon salaire annuel, juste pour quelques déplacements en Asie. J'ai bien évidemment refusé. Quelque temps après je me trouvais au gouvernement, parfois interrogé sur ce que je pensais du montant des profits de Total au regard de la situation économique et de la situation de l'emploi. Je me suis toujours senti libre de répondre, considérant que je ne devais strictement rien à cette entreprise. Je me suis même senti tout à fait à l'aise pour leur demander de consacrer 50 millions d'euros au fonds d'expérimentation pour la jeunesse.

Si j'avais perçu ces 150 000 euros, je me serais retrouvé dans une certaine forme de conflit d'intérêts. Ma parole n'aurait pas été libre. J'aurais dû quelque chose à l'entreprise. Personne ne l'aurait su, d'ailleurs, puisque je n'aurais eu aucune obligation de rendre public ce lien financier avec Total.

Il me paraît donc évident qu'il serait nécessaire pour toute personne qui prend une responsabilité publique d'indiquer, pour une période passée qui pourrait être de trois ans, les liens financiers contractés avec des intérêts privés ou les rémunérations reçues au titre d'une activité privée.

Une telle disposition aurait permis de traiter le reproche qui a été fait à Bernard Kouchner envers ses activités de BK consultant.

En 2009, Bernard Kouchner, ministre des Affaires étrangères, était mis en cause, dans un livre au vitriol, sur ses activités passées de consultant auprès de pays africains, et notamment pour le Gabon d'Omar Bongo. Le livre est désagréable, le ton haineux. Mais la question clé est celle du conflit d'intérêts. Elle prend là une résonance particulière, parce que

Bernard Kouchner a consacré la majorité de sa vie à l'action humanitaire désintéressée et qu'il y a un contraste entre le jeune médecin qui renonce à son salaire pour aller au Biafra et l'ex-député européen qui crée une société de conseil. Mais la question de principe est entière. Existe-t-il un conflit d'intérêts dans le fait de passer du jour au lendemain de la situation où l'on est rémunéré par des États pour délivrer des conseils à la situation où l'on est en charge de la diplomatie de son pays et, donc, d'aller négocier avec ses anciens clients? Il est difficile de dire d'emblée que tout conflit d'intérêts est exclu, par principe. Ni d'ailleurs qu'il est constitué. Dans l'hypothèse où ces contrats ont été obtenus à la suite d'appels d'offres et que ce consultant a été retenu contre d'autres, pour des raisons tenant à la qualité de son offre, on peut imaginer qu'il n'est finalement redevable de rien et qu'il peut, sans le moindre conflit d'intérêts, aller négocier avec les États concernés. Si, en revanche, il apparaît que l'on a fait appel aux services d'un ancien responsable politique dans l'espoir qu'il pourra un jour rendre d'autres services, là le conflit d'intérêts est peu discutable.

Ce cas est intéressant parce qu'il illustre parfaitement la situation dans laquelle une nouvelle législation aurait son utilité… Si nos propositions étaient retenues, tout ministre aurait à déclarer ses intérêts et les risques de conflits d'intérêts au moment de sa nomination. La nature de ces contrats, de ces liens et de ces rémunérations serait donc connue et les risques de conflits pourraient être soupesés, dans des conditions permettant d'apprécier leur compatibilité avec les fonctions exercées. C'est ainsi que les commissaires européens ne peuvent pas traiter les cas des entreprises avec lesquelles ils ont eu des relations financières avant leur nomination.

Cette question ne se pose pas seulement pour les activités politiques, mais aussi pour les fonctions administratives et celles de juge.

Le Conseil constitutionnel est la juridiction suprême. Ses membres jugent la constitutionnalité de la loi, vérifient la régularité de l'élection présidentielle et se prononcent sur les recours contre les élections des membres du Parlement. Son rôle vient d'être accru, suite à la révision constitutionnelle de juillet 2008. Désormais, une exception d'inconstitutionnalité peut être soulevée par n'importe quel justiciable qui considérerait que la loi qu'on lui applique est contraire à la Constitution.

Cette cour suprême doit être irréprochable et insoupçonnable. Elle est au faîte de l'édifice juridique français. Pour assurer l'indépendance de ses membres, ceux-ci sont nommés de manière irrévocable et pour un seul mandat. Leur statut prévoit quelques incompatibilités, comme, naturellement, l'impossibilité de siéger au gouvernement ou au Parlement.

Est-ce suffisant ? Au regard de ce qui se passe dans d'autres démocraties, on pourrait considérer que l'impartialité des membres de la cour suprême, leur indépendance à l'égard de tout intérêt privé devraient aussi être garanties. Quand le Conseil constitutionnel se prononce sur la constitutionnalité de la taxe carbone, la portée de sa décision est très grande, aussi bien sur l'État que sur les entreprises privées. Imaginons qu'un membre du Conseil constitutionnel soit, parallèlement à ses fonctions, rémunéré comme conseil par une entreprise ou par un homme d'affaires d'un pays étranger dont les flux d'exportation pourraient être affectés par l'existence ou non d'une taxe. Ceci poserait un problème de conflit d'intérêts évident.

L'un des membres du Conseil constitutionnel est un ancien président de la République. Il semble – l'information n'a jamais été démentie – qu'il soit logé dans un bel appartement des bords de Seine, dont le loyer serait pris en charge par un homme d'affaires libanais, fils de l'ancien Premier ministre du Liban. Jacques Chirac est un homme sympathique et certainement généreux. Il a été très proche de l'ancien Premier ministre libanais assassiné. Il a gardé des liens d'amitié avec la famille. L'amitié n'est pas un délit. Mais n'est-il pas problématique qu'il puisse à la fois être l'un des juges de la loi française et bénéficier des largesses d'un homme d'affaires, étranger ou non? Peut-être que Jacques Chirac rembourse rubis sur l'ongle les loyers. Il ne l'a jamais dit, malgré les nombreux articles qui font état de sa situation. Peut-être que sa situation est si claire qu'il a préféré traiter par le mépris ces insinuations. Peut-être considère-t-il qu'ayant droit, en qualité d'ancien président de la République, de disposer de locaux payés par la République[1], il revient au même que son loyer soit pris en charge par un tiers et que cela ne le fait bénéficier d'aucun avantage particulier. Mais est-il normal qu'un doute persiste? Est-il logique que le Conseil constitutionnel soit conduit à interdire à l'un de ses membres d'être professeur associé dans une université publique, mais pas à connaître d'éventuelles largesses d'hommes d'affaires? Une grande démocratie ne doit-elle pas être en mesure de prouver que les gardiens de sa Constitution sont à l'abri de tout conflit d'intérêts et de toute situation de dépendance à l'égard d'un intérêt public ou privé?

Il serait logique que les membres du Conseil constitutionnel soient soumis à l'obligation de produire une déclaration d'intérêts et aient l'interdiction

---

1. Ce qui est le cas pour le siège de la fondation qu'il a créée.

de bénéficier de cadeaux, à l'instar des responsables politiques et publics.

La prévention des conflits d'intérêts ne résout pas tout. Il ne suffira pas d'une loi pour faire régner l'harmonie entre le pouvoir et l'argent. Il y aura toujours des scandales politico-financiers, des révélations, des détournements. Toutes les questions de corruption ou de malhonnêteté ne se réduisent pas à des questions de conflits d'intérêts. Il y aura toujours un coup de piston, un peu de favoritisme, de la récompense pour services rendus, quelques abus de biens sociaux, une manière de vivre un peu sur la bête…

Mais si ces risques ne peuvent être éliminés, ils doivent être réduits. La plus grande perméabilité entre les sphères publique et privée l'impose. Il faut redéfinir une éthique, qui s'est émoussée au fil des années, des repères qui se sont estompés, des règles devenues de plus en plus floues.

X

QUAND LA SIMPLE LECTURE DES RAPPORTS INTERNATIONAUX DONNE LE MODE D'EMPLOI

L'OCDE a fait depuis plusieurs années de la lutte contre la corruption et les conflits d'intérêts l'un de ses chevaux de bataille et y a consacré de nombreux rapports.

Dès 2005, l'OCDE écrivait : « Les conflits d'intérêts sont devenus, ces dernières années, un enjeu majeur dans le débat public, dans le monde entier, pas seulement dans le secteur privé, mais surtout de plus en plus dans le secteur public. La fin des barrières entre le public et le privé, à travers la privatisation, les partenariats publics privés et les carrières avec allers et retours entre public privé ont créé des zones grises et des opportunités pour la corruption. »

Et l'OCDE d'insister : des conflits d'intérêts mal gérés ouvrent grand la porte à la corruption. L'organisation internationale a donc publié des lignes directrices pour gérer les conflits d'intérêts. Les exemples donnés de conflits d'intérêts peuvent faire réfléchir. «Les conflits d'intérêts naissent quand des responsables publics ont à prendre des décisions qui peuvent avoir un impact sur les intérêts personnels. Par exemple, quand un régulateur des télécoms doit se prononcer sur les tarifs d'un opérateur avec l'arrière-pensée de pouvoir être embauché par l'un d'eux plus tard.»

D'autres exemples sont donnés pour illustrer le propos :
– un responsable public ayant des intérêts dans les affaires à travers un partenariat, la détention d'actions, la participation à un conseil
– un responsable public ayant des responsabilités dans une ONG recevant des fonds de l'organisation publique dont il s'occupe
– un responsable public «pantouflant» pour aller dans une entreprise qu'il pouvait réguler.

L'OCDE explique bien les ravages des conflits d'intérêts mal gérés. Le soupçon peut empoisonner une décision, même bonne, même correcte, si un conflit d'intérêts potentiel a été laissé dans l'ombre.
L'OCDE dresse la liste des pays qui ont adopté des politiques actives de prévention des conflits

d'intérêts, qui peuvent concerner les ministres, les hauts fonctionnaires, les douaniers, les acheteurs publics, les magistrats, les membres des cabinets. Il est intéressant de voir que la France est considérée comme plutôt avancée dans la répression et lacunaire dans la prévention.

Les règles préconisées par l'OCDE sont simples :

1) Les responsables publics doivent déclarer leurs intérêts privés susceptibles d'interférer avec leurs responsabilités au moment de leur nomination et tout changement pouvant affecter leur situation

2) Chaque organisme public devrait avoir une politique d'information sur les conflits d'intérêts

3) Les plus hauts dirigeants doivent être particulièrement exemplaires.

L'OCDE, en juin 2010, a publié un document qui appelle les États à renforcer l'encadrement du lobbying et la politique de prévention des conflits d'intérêts. Cet organisme voit dans ces deux phénomènes l'une des explications à la crise financière.

« Un rapport publié en décembre 2009 par le Fonds monétaire international fait un lien entre le lobbying intensif et les pratiques financières à haut risque. Ce rapport conclut que la prévention des futures crises pourrait nécessiter de réduire l'influence des établissements financiers sur le milieu politique ou une surveillance plus étroite des activités de lobbying pour mieux en comprendre les tenants et aboutissants. Il n'y a pas à s'étonner que le lobbying soit une source d'inquiétude dans le monde, en particulier s'il n'y a pas de règles claires pour les responsables publics et pour ceux qui les influencent. »

Transparency International est une organisation non-gouvernementale qui consacre son action à combattre pour la transparence et l'intégrité dans la vie publique et internationale. Sa section française (Transparence International France) est présidée par un ancien haut fonctionnaire du ministère des Finances, Daniel Lebègue, qui a occupé deux des plus hautes fonctions financières; celle de directeur du Trésor et celle de directeur général de la Caisse des dépôts et consignations.

Ses propositions, émises en juillet 2010, sont au nombre de dix et relativement simples:

1) obligation de déclaration des activités; sanction du non-respect de cette obligation

2) engagement sur l'honneur de déclarer tout risque de conflit d'intérêts

3) code de conduite sur le passage du public au privé

4) non-participation aux décisions pouvant être en conflit d'intérêts

5) nomination de déontologues indépendants

6) rendre annuelle la déclaration de patrimoine de début et fin de mandat

7) donner plus de pouvoir à la commission pour la transparence financière de la vie politique

8) engagement de démission dès une condamnation de première instance, jusqu'à la décision définitive

9) compléter les dispositifs mis en place par le Parlement sur le lobbying

10) rendre des comptes publiquement sur la manière dont on surveille les conflits d'intérêts.

Ces mesures trouvent à s'appliquer dans certains pays.

Ainsi, au Canada, il existe une tradition de lutte contre les conflits d'intérêts… Elle repose actuellement sur une loi de juillet 2007, particulièrement élaborée et complète, qui comprend un code régissant les conflits d'intérêts des députés dont l'objet mérite d'être cité :

« a) préserver et accroître la confiance du public dans l'intégrité des députés ainsi que le respect et la confiance de la société envers la Chambre des communes en tant qu'institution

b) montrer au public que les députés doivent respecter des normes qui font passer l'intérêt public avant leurs intérêts personnels et établir un mécanisme transparent permettant au public de juger qu'il en est ainsi

c) fournir des règles claires aux députés sur la façon de concilier leurs intérêts personnels et leurs fonctions officielles

d) favoriser l'émergence d'un consensus parmi les députés par l'adoption de normes communes et la mise en place d'un organe indépendant et impartial chargé de répondre aux questions d'ordre déontologique. »

Ce code répertorie les situations de conflit d'intérêts, réglemente les cadeaux en obligeant à déclarer tout cadeau dont la valeur est supérieure à 500 dollars, explicite les conditions dans lesquelles un député peut exercer d'autres fonctions parallèlement à son mandat et interdit de participer à un quelconque débat ou vote relatif à un sujet sur lequel le député a un intérêt personnel.

La régulation des conflits d'intérêts est sous le contrôle d'un « commissaire aux conflits d'intérêts » qui a plusieurs prérogatives. Il tient un registre des déclarations d'intérêts qui sont obligatoires pour les ministres et les membres du Parlement, il peut donner un avis sur toute question déontologique qui lui est soumise. Il peut être saisi par un député qui considère qu'un collègue enfreint le code et déclencher une enquête.

C'est ainsi que récemment une enquête a été réalisée, sur saisine de deux députés, sur les agissements d'un ministre fédéral, Mme Raitt, soupçonnée d'avoir eu son activité politique subventionnée par un lobbyiste du port de Toronto, alors qu'elle-même, ministre des Transports, a la responsabilité du contrôle de l'activité portuaire. L'enquête est particulièrement fouillée et conclut à ce que la ministre n'a contrevenu à aucune disposition du code des conflits d'intérêts[1].

En Suède, chaque année, un journaliste est mandaté par ses pairs pour avoir comme unique activité pendant l'année de contrôler l'usage des fonds publics par le gouvernement et les élus. Il y est respecté. En France, il serait accusé de faire de la politique...

---

1. Voir le rapport Raitt sur le site du Commissariat aux conflits d'intérêts et à l'éthique.

XI

RECOMMANDATIONS

En tirant les leçons du passé, en s'inspirant des recommandations internationales, en se fondant sur un solide bon sens, il n'est pas difficile de mettre en place des pare-feu efficaces. On ne peut pas éradiquer, bien sûr, tant la corruption que les conflits d'intérêts, mais il est relativement aisé, par des règles simples, d'éliminer probablement les deux tiers des situations à risque et mettre fin aux situations de conflits d'intérêts financiers les plus grossiers et donc les plus nuisibles.

Le système qui a été pensé pour les experts du domaine sanitaire peut, sans trop de mal, être étendu aux principaux décideurs publics. La doctrine est connue, les solutions ont été éprouvées, on peut en apprécier les forces et les limites.

Au moins, s'agissant des conflits d'intérêts financiers, il est possible de rattraper le retard français.

Toutes les recommandations tournent autour des mêmes principes. Elles tiennent en quelques points.

1re recommandation – Déclaration d'intérêts obligatoire :

C'est la première des préventions. Remplir une déclaration d'intérêts oblige à réfléchir à de potentiels conflits d'intérêts. Cocher les cases, mettre à plat ses différentes sources de revenus, faire le point sur ses actifs financiers, être exhaustif sur ses différentes fonctions présentes ou passées.

Dans le cas des experts sanitaires, le questionnaire était en lui-même un premier filtre particulièrement efficace. Soit parce qu'il aidait à faire prendre conscience aux experts de ce qu'était un conflit d'intérêts (certains ne réalisaient pas qu'être rémunéré 3 000 euros par mois pour assister au conseil scientifique d'une entreprise correspondait à un lien financier), soit parce qu'il permettait d'écarter des experts lorsque la liste des intérêts financiers était si longue qu'elle était incompatible avec toute impartialité.

Une déclaration d'intérêts devrait être systématique pour les ministres, pour les parlementaires, pour les présidents de conseils régionaux, présidents de conseils généraux, maires, et l'ensemble des élus qui ont des délégations de pouvoir. (On peut rajouter l'obligation de demander avant les délibérations si personne n'a de conflit d'intérêts pour alléger le processus, compte tenu du nombre d'élus.) Elle devrait aussi concerner les fonctionnaires de l'État, des collectivités territoriales et de l'administration hospitalière exerçant des responsabilités « sensibles ». C'est le cas pour les responsabilités financières, les responsabilités d'achat, d'urbanisme, les différents régimes d'autorisation en matière économique notamment.

Ces déclarations d'intérêts devraient comprendre l'ensemble des sources de rémunération, les activités des conjoints et des enfants, la nature des actifs financiers, la participation présente ou passée à un organe de direction d'un organisme entrant dans le champ de la compétence du responsable public.

L'idéal serait que ces déclarations soient systématiquement rendues publiques. La publicité des déclarations d'intérêts apporte la plus forte garantie. D'abord, parce que l'expérience montre que la publicité diminue le risque d'omission par étourderie. Ainsi, s'agissant des experts sanitaires, dans un premier temps, les déclarations de leurs intérêts n'étaient pas rendues publiques. Puis, ils ont été avertis qu'elles le seraient désormais. Ceci a permis à nombre d'entre eux de compléter des rubriques qu'ils avaient, probablement non intentionnellement, non remplies. Ensuite, la publicité permet le contrôle. Le journaliste, le citoyen, l'électeur, l'employé d'une firme peut ainsi participer au contrôle.

La publicité est souvent mal vécue, surtout dans un pays où l'argent est tabou (pour ceux qui en ont!).

Pour accroître l'efficacité de cette transparence, pourrait être instaurée une obligation symétrique, de la part de celui qui paye. Toute entreprise qui «s'offre» les services d'un parlementaire ou d'un autre responsable public devrait être obligée de le déclarer en précisant le montant des rémunérations versées, conformément à ce que viennent de décider les États-Unis dans le Sunshine Act.

Dans tous les cas, l'absence de déclaration devrait être punie pénalement.

2e recommandation – Enseignement des conflits d'intérêts à l'ENA et dans les autres écoles de la fonction publique:

La deuxième mesure que l'on peut recommander est qu'aucun responsable public ne puisse accomplir son cursus de formation sans avoir été sensibilisé à la question des conflits d'intérêts. On l'a vu, au cours des deux ans d'enseignement de l'École nationale d'administration, dont sort une grande partie des hauts fonctionnaires, pas un mot sur les conflits d'intérêts et leur prévention. Il est probable qu'il en va de même dans les autres écoles de formation à la haute fonction publique.

Comment se mettre à l'abri d'un danger qu'on ignore? Comment appliquer une politique de prévention dans l'organisme que l'on dirige si l'on n'y a pas été sensibilisé?

Il paraît urgent et naturel d'introduire un module, ne serait-ce que deux heures dans le cursus, sur ce que sont les conflits d'intérêts et comment les prévenir.

Ceci pourrait s'accompagner de la création d'un enseignement et de recherches sur la question des conflits d'intérêts dans les instituts d'études politiques.

3e recommandation – Nomination d'un commissaire aux conflits d'intérêts comme au Canada:

Il faut une instance qui puisse contrôler et conseiller sur la question des conflits d'intérêts. L'exemple canadien est intéressant avec un commissaire qui recueille les déclarations, les enregistre, est responsable de leur publicité et peut mener des enquêtes et des contrôles.

Comme au Canada, ce commissaire pourrait avoir une fonction de conseil, en se prononçant à la demande de l'intéressé ou d'un tiers sur un éventuel conflit d'intérêts. Il pourrait s'agir d'une personnalité ou d'un organisme collégial, ayant le statut d'autorité administrative indépendante.

Pour ne pas créer d'organisme nouveau, cette fonction pourrait être confiée à la commission pour la transparence financière de la vie politique. Ce serait d'ailleurs l'occasion de donner suite à ses demandes répétées d'élargissement de ses pouvoirs, pour lui permettre de mieux exercer son contrôle.

4e recommandation – Interdiction de certains cumuls de fonction pour les parlementaires :

Il y a un assez large consensus pour considérer que les parlementaires ne doivent pas être avocats d'affaires, ni consultants pour le secteur privé, pendant le temps de leur mandat. Pour certains, il faudrait faire la distinction entre une activité commencée avant l'exercice d'un mandat et une activité démarrée en cours de mandat. Dans cet esprit, celui qui a commencé avant son mandat a installé son activité, indépendamment de son mandat, sans que le mandat vienne troubler la manière dont il exerce son activité. L'empêcher de conduire son activité pourrait être dissuasif pour se présenter aux élections et cela ravive la crainte que seuls des fonctionnaires pourraient avoir envie de se présenter aux élections.

Si l'on peut comprendre cette crainte, il ne semble toutefois pas très opératoire de faire cette distinction. Certaines activités sont par nature impossibles à conduire en même temps que l'on vote la loi et que l'on contrôle l'exécutif. Il paraît plus simple et plus protecteur de définir des interdictions strictes.

Prenons un peu de temps pour examiner les arguments contre et les éventuels obstacles.

La première question qui se pose est de savoir si les membres du Parlement ont besoin de revenus complémentaires par rapport à leur indemnité. La réponse ne va pas de soi. Leur indemnité est d'environ 7 000 euros bruts par mois, à laquelle peut s'ajouter l'utilisation des différentes indemnités complémentaires qui leur sont allouées et d'éventuelles indemnités liées à d'autres mandats. Qu'un parlementaire puisse avoir des revenus qui soient du même ordre de grandeur que les hauts fonctionnaires ou des revenus du même ordre que ses homologues européens semble logique. Qu'il ait des revenus nettement supérieurs, liés à une activité professionnelle forcément prenante, n'est pas vraiment cohérent avec le renforcement des pouvoirs du Parlement et la lutte contre l'absentéisme parlementaire.

La deuxième question est de savoir si des inter-dictions plus strictes seraient un obstacle pour certains à se présenter au Parlement, et conduiraient à diminuer la diversité des profils des parlementaires, en augmentant la part de ceux qui proviennent du secteur public. Il ne va pas de soi que les possibilités de cumul des rémunérations améliorent la diversité. Il serait plus logique de renforcer le régime des congés pour mandat, afin de permettre de retrouver un emploi dans une entreprise à l'issue d'un ou plusieurs mandats par exemple, ou de permettre de ne pas éteindre une entreprise ou une activité libérale. Il existe des solutions à ce problème.

La troisième question est de savoir s'il est utile à la démocratie que les parlementaires puissent avoir une activité professionnelle annexe, indépendamment de la question des revenus. La réponse peut être positive. On peut estimer utile qu'un parlementaire puisse enseigner, puisse continuer à suivre quelques patients s'il est médecin, à donner un coup de main à l'entreprise familiale ou à travailler sur son exploitation agricole. Cela est compatible avec une interdiction de certaines activités professionnelles et le maintien de celles pour lesquelles le conflit d'intérêts financier ne se pose pas ou ne se poserait que dans des circonstances exceptionnelles. On pourrait opter pour un plafonnement des rémunérations pouvant être tirées de ces activités annexes autorisées, ce qui aurait l'avantage de montrer que l'exercice du mandat reste l'activité principale.

5e recommandation – Disposition anti-cadeaux pour les responsables publics :

Il est couramment admis, dans les codes internationaux, que les cadeaux et les invitations sont les premiers « stades » du conflit d'intérêts, ou les premiers symptômes. Dans les entreprises, et dans les administrations, il existe des règles applicables aux collaborateurs qui plafonnent le montant des cadeaux qui peuvent être acceptés d'un client, d'une entreprise avec laquelle on est en relation. Cela peut être une somme maximum pour un repas au restaurant, un montant maximum pour un cadeau (de l'ordre de quelques centaines d'euros, grand maximum), le tout destiné à ne pas être impoli, à ne pas empêcher des relations cordiales, sans mettre un collaborateur en position de dépendance ou d'être redevable.

Mais il n'existe aucune règle générale pour les responsables publics[1]. On voit ainsi beaucoup de res-

---

1. Il existe cependant une circulaire qui enjoint aux ministres de faire enregistrer les cadeaux qu'ils reçoivent et de les remettre au service du Mobilier national.

ponsables politiques (de droite comme de gauche) passer leurs vacances chez des hommes d'affaires, ou à l'hôtel aux frais d'hommes d'affaires.

Des règles pourraient être établies, applicables aux responsables publics qu'ils soient élus ou fonctionnaires. On peut considérer comme admissible une invitation à un match de rugby au Stade de France. En revanche, on peut estimer comme « hors des clous » s'il s'agit de bénéficier d'un avion privé pour aller assister à un match à Barcelone ou au pays de Galles. On peut considérer comme acceptable d'aller passer quelques nuits dans la résidence d'un ami, fût-il homme d'affaires, en revanche, comme indéfendable de se faire offrir un séjour dans un hôtel de luxe au Maroc.

Un code pourrait donc être établi, sans sombrer dans le ridicule ou le tatillon, ni empiéter sur l'espace nécessaire à la vie privée auquel ont droit les responsables publics. Pour permettre les marges de manœuvre, dans ce qui n'est pas codifiable, on peut imaginer là aussi une possibilité de déclaration des cadeaux ou des invitations à une autorité, ce qui aurait une vertu d'autodiscipline.

6ᵉ recommandation – Circulaire aux responsables publics sur les conflits d'intérêts :

Si ces principes étaient retenus, et avant même l'intervention d'une loi, une circulaire pourrait rappeler l'ensemble de ces principes à tous les ministres, à tous leurs collaborateurs et aux agents de la fonction publique, avec une publication au *Journal officiel*.

7ᵉ recommandation – Code éthique des conflits d'intérêts :

Un corps de doctrine de la prévention des conflits d'intérêts devrait être établi avec des restrictions plus spécifiques à certaines fonctions. Ce n'est pas un exercice si facile. Au Conseil d'État, un « code de déontologie » est en chantier depuis plus d'un an et n'a pas encore abouti, car il ne fait pas consensus. Un délai d'un an pourrait être prévu pour permettre de discuter et de concerter ce corps de doctrine et sa déclinaison pour les principales administrations ou fonctions.

8ᵉ recommandation – Dans le secteur privé, pré-vention des conflits d'intérêts renforcée par un régime d'incompatibilité entre certaines fonctions, sous la responsabilité de l'Autorité des marchés financiers, l'AMF :

Une interdiction devrait s'imposer : des respon-sabilités dans une banque d'affaires devraient être incompatibles avec un mandat d'administrateur indé-pendant dans une société cotée. De même d'autres interdictions devraient être prononcées pour les administrateurs ayant des intérêts dans une entre-prise de conseil dont les sociétés cotées sont clientes.

La prévention des conflits d'intérêts suppose éga-lement de limiter le nombre de mandats pouvant être exercés par des administrateurs. Pour certains, il ne devrait être possible d'être administrateur que d'une société cotée. Pour d'autres, un nombre limité de postes pourrait être suffisant pour restreindre le risque de conflits d'intérêts. Une même personne ne pourrait ainsi siéger dans plus de deux conseils d'ad-ministration.

Cette restriction aurait comme avantage de réduire cette endogamie et ces situations de confusion d'inté-rêts dans la fixation des rémunérations des dirigeants d'entreprise. En effet, la même personne peut appar-tenir au comité de rémunération d'une société, y fixer la rémunération d'un administrateur qui se trouvera à son tour en position de fixer la rémunération de la personne du comité…

Pour prévenir les conflits d'intérêts, les observations et les recommandations de l'Autorité des marchés financiers pourraient cesser d'être anonymes mais faire figurer le nom des entreprises et des dirigeants concernés. La crainte d'être «nommé» peut avoir un puissant effet dissuasif, certainement supérieur à la crainte de l'amende, parmi des dirigeants dont les niveaux de revenus rendent les amendes indolores.

L'Autorité des marchés financiers pourrait voir son rôle élargi. Par symétrie du commissaire aux conflits d'intérêts, compétent pour les élus et les agents publics, l'Autorité des marchés financiers pourrait être responsable de la prévention des conflits d'intérêts au sein des entreprises cotées.

9e recommandation : Ne pas rien faire…

On entend déjà et on entendra plusieurs arguments en faveur du statu quo. Citons-les pêle-mêle :

– Il ne faut pas s'affoler pour quelques histoires montées en épingle par des journalistes et exploitées pour des raisons politiciennes

– La France est un des pays où la corruption a le moins cours

– On crève déjà de trop de règles ; inutile et inefficace d'en rajouter

– La transparence, c'est le début de la dictature

– Il y a d'autres urgences, bien plus importantes pour la France

– C'est déjà dur (et mal payé) d'exercer des fonctions publiques et politiques, n'en rajoutons pas

– Instaurer des nouvelles règles, ce serait un aveu de culpabilité

– Ce n'est pas un problème de règle, c'est une question de morale

– L'autodiscipline suffit.

La vérité c'est qu'on ne fixe pas soi-même les règles, mais on fixe sa conduite. La vérité, c'est que prévenir les conflits d'intérêts, interdire certains comportements, ce n'est pas violer la présomption d'innocence dont entend légitimement bénéficier, collectivement, l'ensemble des responsables publics.

C'est comme la ceinture de sécurité. Elle est efficace si on la porte systématiquement sur tous les trajets, automatiquement, quelle que soit la vitesse à laquelle on conduit. Elle n'est pas réservée aux mauvais conducteurs ! Il serait absurde de dire au conducteur de la mettre juste le jour où il va avoir un accident, ou juste le jour où surgit un chauffard en face. C'est parce qu'il la met tous les jours, qu'il est obligé de le faire, sans que sa décision repose sur son propre discernement, que la ceinture de sécurité est efficace.

La prévention des conflits d'intérêts permet de rendre explicable toute prise de décision. Elle n'est ni une présomption de culpabilité ni une présomption d'innocence. Elle est une procédure aussi indispensable que les différents contrôles que réalise un pilote avant de démarrer son avion. C'est en réalité une procédure qualité, une assurance qualité de la décision, une sorte de certification de la décision. Sans ces procédures, même la meilleure décision au monde peut être entachée de vice ou de suspicion.

Faut-il une loi?

Il est certain qu'il faut des règles, qu'il faut des normes. Faut-il pour autant passer par la loi? On peut penser que oui. Seule la loi peut rendre les normes opposables, et peut les assortir de sanctions. La matière est suffisamment importante pour que le législateur s'y consacre. On peut considérer que l'on peut pendant une courte période commencer par des normes non législatives et se donner un délai pour en faire une loi. Il n'est pas besoin d'attendre la loi pour imposer des obligations nouvelles aux membres du gouvernement, pour renforcer les interdictions contenues dans le statut des parlementaires, pour soumettre à des règles déontologiques nouvelles certaines catégories de fonctionnaires ou de titulaires de charges publiques.

XII

DÉCLARATION D'INTÉRÊTS
DE L'AUTEUR

L'auteur de ces lignes considère comme normal de procéder à sa propre introspection d'intérêts.

Conflits d'intérêts potentiels financiers :

Je n'ai jamais perçu de rémunérations provenant du secteur privé. Au-delà de mes traitements de la fonction publique, les seules autres rémunérations que j'ai perçues au cours des vingt-cinq dernières années sont des droits d'auteur pour des livres ou des vacations pour des enseignements. S'agissant des livres qui avaient trait aux questions de pauvreté et à Emmaüs, les droits d'auteur ont été intégralement reversés. Je ne voulais pas me trouver en conflit en faisant la promotion d'un livre sur la pauvreté dont les ventes m'auraient rapporté de l'argent[1].

De même, lorsqu'il m'est arrivé de faire des conférences pour lesquelles les organisateurs avaient l'usage de rémunérer le conférencier, j'ai toujours demandé à ce que l'argent soit directement reversé à une association (ce qui m'a permis au passage de voir que ces conférences sont très correctement rémunérées, elles permettent de gagner en une journée ce qu'un haut fonctionnaire gagne en un mois…).

Conflits d'intérêts potentiels non financiers avec des associations :

Avant d'être au gouvernement, j'ai été pendant trois ans haut fonctionnaire, directeur général de l'Agence française de sécurité sanitaire des aliments et président (bénévole) d'une grande association, Emmaüs France. Cette situation n'était pas inédite, ni unique, mais elle était particulière compte tenu de la visibilité du mouvement Emmaüs et de la sensibilité de la responsabilité de la sécurité sanitaire, pendant une période où les crises succédaient aux crises.

---

1. C'est également le cas pour ce livre dont les droits seront reversés à une association d'intérêt général.

J'ai chaque fois demandé au gouvernement s'il donnait son accord pour que je puisse concilier ces deux fonctions et je dois reconnaître que j'ai trouvé une oreille très tolérante, notamment du Premier ministre de l'époque, Jean-Pierre Raffarin.

Il ne s'agissait bien sûr pas de conflits d'intérêts financiers, mais je me trouvais dans cette situation très particulière qui me conduisait à user de la plus grande liberté de parole, y compris pour critiquer le gouvernement sur les questions d'exclusion et de pauvreté, et à me retrouver sous la tutelle de plusieurs ministres, pour diriger l'Agence de sécurité sanitaire. Mais mes champs d'intervention professionnels ne recouvraient pas le spectre de mes activités associatives. À un moment la question s'est posée de me confier la Direction générale de l'action sociale, grande direction du ministère social. J'ai considéré que, dans ce cas, la possibilité d'être haut fonctionnaire et responsable associatif était incompatible, car elle aurait provoqué là un conflit d'intérêts (toujours non financier) impossible à gérer. Cela a été l'un des éléments qui m'a conduit à refuser cette proposition, car je pensais que je ne pouvais pas laisser tomber le mouvement Emmaüs à ce moment-là.

Quand j'étais au gouvernement, j'ai été confronté à la question de gérer ce qui pouvait s'apparenter à des conflits d'intérêts (non financiers, bien évidemment) avec deux associations dans lesquelles j'avais exercé des responsabilités : Emmaüs et l'Agence nouvelle des solidarités actives.

S'agissant d'Emmaüs, j'aurais difficilement pu m'abstenir de toute relation avec le mouvement dans lequel j'avais milité pendant douze ans et que je venais de présider pendant cinq ans. Je choisis à l'inverse de les aider ouvertement à obtenir ce qu'on n'avait pas pu obtenir du temps de l'abbé Pierre. J'ai donc fait voter l'amendement «Emmaüs» qui garantit le statut des compagnons d'Emmaüs. C'était un conflit d'intérêts on ne peut plus transparent ! Personne ne pouvait ignorer mes liens récents avec le mouvement Emmaüs, au moment où cet amendement, porté par Étienne Pinte, avec l'avis ultrafavorable du gouvernement que je représentais, a été adopté à l'unanimité.

J'ai souvent donné des coups de main aux associations membres d'Emmaüs, qui pouvaient peut-être me solliciter plus que d'autres, mais je me suis efforcé de ne pas faire de favoritisme et je ne crois pas avoir fait de passe-droit.

L'Agence nouvelle des solidarités actives m'a semblé poser des problèmes plus délicats. Le lien personnel avec moi était plus fort, puisque j'en avais été le cofondateur, puis le président, avant d'en être le directeur général. Qui plus est, cette association avait été créée au moment où le gouvernement ne se préoccupait pas des questions de pauvreté et refusait de mettre en œuvre le revenu de solidarité active, créé précisément pour s'y atteler, malgré les réticences gouvernementales. Sa raison de vivre, sa raison sociale était donc proche de celle que j'avais comme membre du gouvernement. En plus, j'avais obtenu pour elle, avant d'être au gouvernement, une subvention de l'État qui représentait une partie importante de ses financements, les autres financements provenant soit de collectivités locales, soit de mécénat d'entreprise.

Je ne voulais pas que ma nomination soit source de confusion en traitant cette association de manière extraordinaire, ni que ceux qui y travaillent pâtissent de mon choix personnel et soient empêchés de poursuivre le travail entamé, quand j'y étais.

Au moment de ma nomination, je m'en suis ouvert au président de la République et au Premier ministre, en leur disant qu'il fallait trouver une solution conforme aux intérêts de chacun et donc exempte de tout conflit d'intérêts. C'est ainsi que le Premier ministre a missionné l'association pour poursuivre son travail, sans que cela soit moi qui la missionne. Ensuite, je n'ai jamais influencé le moindre département, la moindre collectivité locale, sur le fait de travailler ou non avec cette association. Et une convention pluri-annuelle a été passée pour qu'elle puisse avoir une subvention, dans le prolongement de celle que j'avais obtenue avant d'entrer au gouvernement.

Conflits d'intérêts potentiels avec des entreprises :

J'ai accepté de siéger au conseil d'orientation du fonds écosystème mis en place par Danone. Il s'agit d'un fonds de 100 millions d'euros, consacré à des actions d'intérêt général. J'exerce les fonctions de vice-président aux côtés de Pascal Lamy, Franck Riboud en étant le président. Il s'agit bien évidemment d'une fonction bénévole et sans influence sur l'entreprise elle-même. Avant d'accepter, j'avais demandé au secrétaire général du gouvernement si cela était compatible avec mes fonctions. C'est parce que la réponse a été positive que je l'ai fait. Danone a pris en charge le coût du voyage pour un déplacement au Bangladesh (août 2010) pour aller voir les activités de Grameen Danone.

Je précise que je n'aurais jamais accepté une telle participation il y a quelques années, quand j'étais responsable de la sécurité sanitaire des aliments. J'avais alors une fonction de contrôle sur le monde agroalimentaire et, même de manière non rémunérée, j'aurais considéré comme incompatible de me trouver dans une instance mise en place par une entreprise du secteur.

J'ai été sollicité en juillet 2010 par l'Institut Veolia Environnement, association financée par cette entreprise, pour participer à une conférence qu'il coorganisait en Chine, et mes frais de voyage et de séjour ont été pris en charge par cette association.

Conflits d'intérêts potentiels familiaux :

Je suis marié avec une journaliste du journal *Le Monde*, qui signe sous le nom de Florence Noiville, dans «Le Monde des livres». Il est arrivé à une ou deux reprises que l'un de mes livres soit critiqué dans le supplément littéraire. Elle est l'auteur, dans la même collection que ce livre, d'un essai intitulé *J'ai fait HEC et je m'en excuse,* alors même que je préside (bénévolement) une chaire consacrée au *social business* dans cette école (dont je ne suis pas issu).

Autres conflits d'intérêts potentiels :

J'ai des liens amicaux avec Éric Woerth, avec lequel j'ai d'autant plus sympathisé quand j'étais au gouvernement que nous ne partagions pas les mêmes convictions et que nous étions en vrai «conflit d'intérêts». Lui, à vouloir éviter toute dépense supplémentaire. Moi, à demander des moyens pour les plus pauvres et les jeunes. Je suis allé en montagne avec lui.

Je suis ami avec un autre protagoniste de ce qu'on appelle l'affaire Bettencourt : Gilles Brücker.

Ces deux liens m'ont conduit à juger inopportun de traiter des conflits d'intérêts, réels ou potentiels, qui peuvent être liés à cette affaire.

Bien que cela ne soit pas à l'origine d'un conflit d'intérêts, j'ajoute, parce que l'anecdote me semble savoureuse, qu'un concours de circonstances a conduit Emmaüs et l'Agence nouvelle des solidarités actives à obtenir un financement non négligeable de la part de la Fondation Bettencourt. Un jour, j'ai reçu un appel d'un ancien appelé que je n'avais pas revu depuis le service militaire. Il m'a rappelé que nous avions fait ensemble nos classes parmi les fusiliers commando-marins et que je l'avais aidé alors que, dans l'entraînement difficile que nous subissions, il avait eu un malaise. Vingt ans après, il avait vu que j'étais devenu président d'Emmaüs, alors que lui était secrétaire général de la Fondation Bettencourt. Il m'a proposé de soumettre à son conseil une demande de soutien. Et c'est comme cela que, depuis plusieurs années, Les Toits de l'Espoir, très belle association membre d'Emmaüs, perçoit chaque année 100 000 euros de la Fondation Bettencourt, et que l'Agence nouvelle des solidarités actives a pu compter sur 50 000 euros l'année de sa création…

CONCLUSION

La pureté n'existe pas, pas plus que la perfection. Une vie publique sans «affaires» n'existe pas. Les sociétés totalitaires reposent sur le fantasme d'un contrôle absolu, total de tout ce qui va bien et de tout ce qui va mal. Ce totalitarisme tue la démocratie et la liberté. Il ne tue pas la corruption, ni les rapports incestueux entre les pouvoirs et l'argent.

Il n'est pas question de poursuivre un tel fantasme. Pour autant, il est évident que des progrès doivent être faits. L'élimination des principales sources de conflits d'intérêts financiers est une nécessité. Elle ne suppose pas des transformations inaccessibles. Il ne faut pas imposer beaucoup pour faire nettement mieux.

Notre pays est l'une des plus anciennes démocraties. Il est à l'origine de principes, de déclarations des droits de l'homme. Il devrait être à la pointe des pays en matière d'exigence démocratique, de transparence, d'exercice du pouvoir. En ayant fait le choix de la répression et l'impasse sur la prévention, il est aujourd'hui loin d'être un modèle.

Le fonctionnement actuel porte en germe des crises, qui peuvent être dangereuses. Dans le contrat entre le peuple et ses dirigeants, il est une question de confiance. Ce contrat de confiance est un contrat en perpétuel tacite renouvellement. Quand les symptômes d'une crise se multiplient, il ne suffit pas d'accuser les médias, les juges, l'opposition, les circonstances, l'excès de zèle. Il faut s'organiser pour renouveler les bases du contrat.

On ne peut pas toujours se référer à des pratiques anciennes pour justifier des à-peu-près contemporains. En matière de mœurs sociales, politiques comme financières, les tolérances et les intolérances évoluent. La loi ne peut pas être en retard sur ces évolutions. Agir, ce n'est pas non plus faire porter une suspicion généralisée. Si tout le monde est honnête, il ne coûte rien de faire des règles qui définissent les conditions d'exercice de l'honnêteté. Si certains ne le sont pas, il est bon de les mettre hors la loi.

Ce qui caractérise la période actuelle n'est pas telle ou telle dérive individuelle. Ce n'est pas non plus un hasard de circonstances. Ce n'est pas plus un état de corruption généralisé, un flux de malhonnêteté. Non, c'est un manque de boussole et de repères. C'est la zone grise. Le flou. Les règles à géométrie variable. C'est comme si notre code de la route de la vie publique avait été amputé de quelques panneaux, de quelques éléments signalétiques. On ne sait plus ce qui est de l'ordre du normal ou du déviant, du tolérable ou de l'inacceptable.

Qu'un ministre puisse rendre public l'ensemble de ses intérêts financiers. Qu'un parlementaire ne puisse pas pendant l'exercice de son mandat gagner de l'argent à défendre les intérêts d'entreprises privées. Qu'un assistant d'un membre du Parlement ne puisse pas en même temps travailler pour une organisation professionnelle. Que des élus ou des responsables publics ne puissent pas accepter de cadeau de valeur ou d'invitation luxueuse de chefs d'entreprises. Que les membres de la juridiction suprême ne puissent pas avoir leur loyer payé par un homme d'affaires. Qu'un banquier d'affaires ne puisse pas administrer une société cotée qui pourra avoir à travailler avec la banque qu'il dirige.

Ce n'est que cela, mais c'est tout cela. Car ces pratiques existent aujourd'hui. Elles fragilisent nos lois, notre justice, notre équilibre social.

Comment traquer la fraude aux prestations sociales ? Comment enseigner le civisme ? Comment demander des efforts aux différents corps sociaux, si ces problèmes ne sont pas résolus, si ces pratiques ne sont pas interdites, éliminées ?

C'est la question qui se pose à la France aujourd'hui. Ce n'est pas une question de droite ou de gauche. Ce n'est pas une question politique. Ce n'est pas une affaire de majorité ou d'opposition. Ce n'est pas donner des gages au populisme. Ce n'est pas de la démagogie. C'est simplement porter le plus haut possible l'honneur démocratique et avoir conscience de son intime fragilité.

ANNEXE 1

Code de conduite applicable aux représentants d'intérêts
adopté par le Bureau de l'Assemblée nationale
le 2 juillet 2009

1. Les représentants d'intérêts donnent au Bureau les informations requises pour pouvoir bénéficier des droits d'accès aux locaux de l'Assemblée nationale définis à l'article 26, paragraphe III-B de l'Instruction générale du Bureau. Ils doivent ultérieurement transmettre au Bureau tout élément de nature à modifier ou compléter ces informations.

2. Dans leurs contacts avec les députés, les représentants d'intérêts doivent indiquer leur identité, l'organisme pour lequel ils travaillent et les intérêts qu'ils représentent.

3. Ils se conforment aux règles de circulation dans les locaux de l'Assemblée nationale fixées par l'Instruction générale du Bureau. Ils sont tenus de porter leur badge en évidence dans les locaux de l'Assemblée nationale.

4. Il leur est interdit de céder à titre onéreux, ou contre toute forme de contrepartie, des documents parlementaires ainsi que tout autre document de l'Assemblée nationale.

5. Il leur est interdit d'utiliser du papier à en-tête ou le logo de l'Assemblée nationale.

6. Les représentants d'intérêts doivent s'abstenir de toute démarche en vue d'obtenir des informations ou des décisions par des moyens frauduleux.

7. Les informations apportées aux députés par les représentants d'intérêts doivent être ouvertes sans discrimination à tous les députés quelle que soit leur appartenance politique.

8. Ces informations ne doivent pas comporter d'éléments volontairement inexacts destinés à induire les députés en erreur.

9. Toute démarche publicitaire ou commerciale est strictement interdite aux représentants d'intérêts dans les locaux de l'Assemblée nationale.

10. Les représentants d'intérêts ne peuvent se prévaloir, vis-à-vis de tiers, à des fins commerciales ou publicitaires, de leur présence sur la liste fixée par le Bureau.

ANNEXE 2

*Lettre du président du Sénat adressée
à Robert Badinter*

«Monsieur le Président,

En application du second alinéa de l'article 2 de l'arrêté de Bureau du 25 novembre 2009 portant création du Comité de déontologie parlementaire, j'ai l'honneur, au nom du Bureau du Sénat, de vous saisir d'une demande d'avis sur les conséquences au regard de l'éthique de certains aspects de la législation concernant les incompatibilités parlementaires.

Il apparaît en effet qu'au cours des dix-huit derniers mois, le Bureau a été amené à se prononcer à plusieurs reprises sur la régularité au regard des dispositions du code électoral d'un certain nombre de déclarations d'activités de sénateurs et que les décisions rendues, strictement conformes à la législation en vigueur, n'en soulevaient pas moins certaines interrogations d'ordre déontologique.

Ainsi, par exemple, pour respecter la loi et la jurisprudence du Conseil constitutionnel, le Bureau a pu être amené à statuer tantôt de façon extrêmement rigoureuse sur des cas peu significatifs au regard de l'éthique – comme il l'a fait pour une fonction de "maître de conférence associé", incompatible avec l'exercice d'un mandat parlementaire –, tantôt au contraire d'une manière qui pourrait être jugée excessivement libérale dans des domaines pourtant susceptibles de générer des conflits d'intérêts – dans le cas par exemple d'un parlementaire souhaitant présider un syndicat professionnel, fonction qu'aucune disposition du droit des incompatibilités n'interdit.

Je vous serais donc reconnaissant, au nom du Bureau, de bien vouloir engager, au sein du Comité, une réflexion d'ordre déontologique sur les difficultés, voire les incohérences, que vous paraîtrait pouvoir receler la législation en vigueur et sur les recommandations ou dispositifs qui vous paraîtraient éventuellement susceptibles de répondre à ces interrogations.

Les orientations ou "pistes de réflexion" dégagées par le Comité pourraient ainsi apporter, dans le respect des prérogatives des autres instances sénatoriales, un éclairage utile à la réflexion du Bureau et, le cas échéant, permettre à notre commission des lois d'élaborer une réponse législative à ces interrogations.

Je vous prie d'agréer, Monsieur le Président, l'expression de mes sentiments les meilleurs.

Gérard LARCHER[1] »

Remerciements

Je remercie, pour les précieux éclairages qu'ils m'ont apportés sur cette difficile question : Bernard Accoyer, Robert Badinter, Olivier Challan-Belval, Yves Cousquer, Jacques Dufresne, Philippe Duneton, Jean Gatty, Marie Godard, Jean-Pierre Jouyet, Daniel Lebègue, Jean-Louis Schroedt-Girard, Didier Tabuteau, Armelle Thoraval avec lesquels j'ai pu m'entretenir pour écrire ce livre. Je remercie aussi celles et ceux qui n'ont pas souhaité être mentionnés dans les remerciements, mais qui m'ont donné des conseils ou des informations utiles.

Je remercie Jean-Marc Roberts de ne pas avoir eu besoin de plus de trois minutes, un jour de juillet, pour décider de publier ce livre. Je remercie Capucine Ruat pour l'avoir édité et Jeanne Garcin pour son aide documentaire précieuse, dans le délai bref qui nous était imparti, ainsi que Sébastien Doutreloup pour son érudition sur Richelieu.

Je remercie Florence Noiville de m'avoir autorisé (et incité) à publier ce livre dans la même collection qu'elle, malgré le risque de conflit d'intérêts.

TABLE

DANS LA MÊME COLLECTION

François Heisbourg, Après Al Qaida. La nouvelle génération du terrorisme, *2009.*

Denis Labayle, Pitié pour les hommes. L'euthanasie : le droit ultime, *2009.*

Jean Birnbaum, Les Maoccidents. Un néoconservatisme à la française, *2009.*

Nicolas Offenstadt, L'Histoire bling-bling. Le retour du roman national, *2009.*

Florence Noiville, J'ai fait HEC et je m'en excuse, *2009.*

Thomas Legrand, Ce n'est rien qu'un président qui nous fait perdre du temps, *2010.*

François Heisbourg, Vainqueurs et vaincus. Lendemains de crise, *2010.*

Sylvestre Huet, L'imposteur, c'est lui. Réponse à Claude Allègre, *2010.*

Pour l'éditeur, le principe est d'utiliser des papiers composés de fibres naturelles, renouvelables, recyclables et fabriquées à partir de bois issus de forêts qui adoptent un système d'aménagement durable.

En outre, l'éditeur attend de ses fournisseurs de papier qu'ils s'inscrivent dans une démarche de certification environnementale reconnue.

Ce volume a été composé
par Nord Compo à Villeneuve-d'Ascq
et achevé d'imprimer en France
par CPI Bussière
à Saint-Amand-Montrond (Cher)
pour le compte des Éditions Stock
31, rue de Fleurus, 75006 Paris
en septembre 2010